날마다 꿈꾸고 비전을 이뤄가는

구 역 예 배

날마다 꿈꾸고 비전을 이뤄가는

구 역 예 배

21세기구역예배편찬위원회

좋은 책으로 하나님의 사람을 만들어가는

엘 맨

머리말

혼탁한 시대에 말씀을 통한 양육을 통하여 지역교회 성도들의 영성을 견고하게 세워나가는 것은 무엇보다 중요한 일입니다.

구역모임은 믿음의 식구들이 함께 모여 첫째는 하나님께 예배를 드리며, 둘째는 서로 세워줌을 통하여 양육을 받아가며, 셋째는 성도와 성도 간에 교제를 나누며, 넷째는 배운 것을 삶속에 적용하며 실천하는 축복의 장이 바로 구역입니다.

우리는 구역의 소그룹 모임을 통하여 믿음의 성장과 성숙을 이루어 가야합니다. 그리고 사도행전교회처럼 주님이 오실 때가 가까울수록 더욱더 모이기에 힘써야 함을 인식하고 소그룹 모임을 소중히 여겨야 합니다.

새해에도 구역의 소그룹 모임을 통하여 믿음의 식구들이 하나님의 말씀과 사랑을 풍족히 나누는 축복의 장이 될 수 있기를 소망합니다. 그리고 성령님의 도우심을 통하여 믿음의 장성한 분량까지 자라가며 주님의 성품을 닮아가는 한해가 되었으면 합니다.

본 교재는 주제별로 다루었으며 절기에 따라 정리하여 구성을 하였습니다. 전국에 있는 각 교회마다 주님의 몸 된 교회를 음부의 권세가 흔들지 못하는 교회로 세워나가는 작은 도구가 되었으면 합니다.

2024. 1. 1.

21세기구역공과편찬위원회

목 차

1월 꿈꾸는 신앙생활 ········· 9

제1과 다음세대를 꿈꾸자 ········· 10
제2과 교회의 비전(1) ········· 14
제3과 교회의 비전(2) ········· 18
제4과 든든히 세워져 가는 교회 ········· 22

2월 성장하는 신앙생활 ········· 27

제5과 목적을 향한 달음질 ········· 28
제6과 한나의 기도 ········· 32
제7과 빛의 갑옷을 입자 ········· 36
제8과 백부장의 믿음 ········· 40

3월 순종하는 신앙생활 ········· 45

제9과 재림의 징조 ········· 46
제10과 혼인잔치의 비유 ········· 50
제11과 가나안 여자의 큰 믿음 ········· 54
제12과 사순절을 맞는 자세 ········· 58
제16과 부활신앙 ········· 62

4월 성령 충만한 신앙생활 ········· 67

제14과 형통의 비결 ········· 68
제15과 행복한 사람 ········· 72
제16과 아버지의 마음을 가지라 ········· 76
제17과 실천하는 신앙 ········· 80

5월 가정에서의 신앙생활 ···················· 85

제18과 아이들을 축복하신 예수님 ···················· 86
제19과 행복한 가정 ···················· 90
제20과 복된 가정을 세움시다 ···················· 94
제21과 행복한 사람 ···················· 98

6월 생명 있는 신앙생활 ···················· 103

제22과 우는 자들과 함께 울라 ···················· 104
제23과 생명의 떡 ···················· 108
제24과 믿음의 사람들 ···················· 112
제25과 믿음의 기도 ···················· 116
제26과 나누는 사랑 ···················· 120

7월 기도하는 신앙생활 ···················· 125

제27과 여호와를 찬양하라 ···················· 126
제28과 첫사랑을 잃은 교회 ···················· 130
제29과 궁핍하지만 부요한 교회 ···················· 134
제30과 충성된 안디바가 있는 교회 ···················· 138

8월 은혜의 신앙생활 ···················· 143

제31과 이세벨을 용납하지 말라 ···················· 144
제32과 살아있는 교회 ···················· 148
제33과 주님의 말씀을 지킨 교회 ···················· 152
제34과 영적으로 가난한 교회 ···················· 156

9월　증거하는 신앙생활 ····· 161

　제35과 예수님의 손을 붙들라 ····· 162
　제36과 내 증인이 되리라 ····· 166
　제37과 내 집을 채우라 ····· 170
　제38과 증인된 삶을 살라 ····· 174
　제39과 하나님나라 군사의 자세 ····· 178

10월　극복하는 신앙생활 ····· 183

　제40과 하나님의 음성을 듣는 법(1) ····· 184
　제41과 하나님의 음성을 듣는 법(2) ····· 188
　제42과 하나님의 음성을 듣는 법(3) ····· 192
　제43과 하나님의 음성을 듣는 법(4) ····· 196

11월　감사하는 신앙생활 ····· 201

　제44과 나를 기념하라 ····· 202
　제45과 여호와로 인한 감사 ····· 206
　제46과 전심으로 감사하라 ····· 210
　제47과 선하신 하나님께 감사하라 ····· 214

12월　충성하는 신앙생활 ····· 219

　제48과 양과 염소의 비유 ····· 220
　제49과 충성된 청지기 ····· 224
　제50과 다윗의 언약 ····· 228
　제51과 예수님을 경배합시다 ····· 232
　제52과 적은 일에 충성합시다 ····· 236

1월
꿈꾸는 신앙생활

- 다음세대를 꿈꾸자
- 교회의 비전 (1)
- 교회의 비전 (2)
- 든든히 세워져가는 교회

제1과
다음세대를 꿈꾸자

성경 : 사도행전 2:14~21

찬송 : 183장, 191장

"이는 곧 선지자 요엘을 통하여 말씀하신 것이니 일렀으되·하나님이 말씀하시기를 말세에 내가 내 영을 모든 육체에게 부어 주리니 너희의 자녀들은 예언할 것이요 너희의 젊은이들은 환상을 보고 너희의 늙은이들은 꿈을 꾸리라"(16-17절)

오늘 본문에 보면, 오순절에 마가의 다락방에 성령이 임하는 내용이 나옵니다. 성령을 받은 120명의 제자들이 성령 충만함을 받고 방언을 말하게 됩니다. 그 광경을 지켜본 사람들이 새 술에 취하였다고 조롱을 하기도 합니다. 그때 베드로가 구약의 요엘 선지자가 예언한 내용을 가지고 설교를 합니다. 베드로의 설교 내용에는 다음세대를 향한 중요한 메시지가 들어있습니다. 말세가 되면 첫째는 성령이 임하게 되며, 둘째는 심판의 날이 임하게 된다고 언급하고 있습니다. 말세에 심판이 임하게 되는데 그 심판의 날에 누구든지 주의 이름을 부르는 자는 구원을 받게 되고 또한 성령이 부어지면 다음과 같은 현상들이 나타난다고 말씀하고 있습니다.

첫째는 자녀들이 예언을 하게 됩니다.

성령이 부어지면 자녀들이 예언을 하게 된다고 하였습니다. 여기서 예언은 복음이 전파되는 것을 의미합니다. 구약의 모든 예언의 초점은 예수 그리스도에게 있습니다. 예수 그리스도가 최고의 예언이자 최후의 예언이 되는 것입니다. 따라서 신약에 들어와서 예언의 은사는 어떤 특정한 사람에게만 한정되지 않고 남녀를 불문하고 광범위하게 임하게 된다는 것입니다. 그래서 "말세에 내가 내 영을 모든 육체에게 부어 줄 것이라"라고 말씀하고 있습니다. 구약의 최고의 예언이었던 예수 그리스도를 전파하는 예언을 하나님의 자녀들이 말하게 된다는 것입니다.

둘째는 젊은이들이 환상을 보게 됩니다.

성령이 임하게 되면 젊은이들이 비전을 보게 된다고 하였습니다. 교회 안에서 어린이, 청소년들, 청년들이 큰 비전을 품고 나가야 합니다. 젊은이들이 새로운 꿈과 비전을 품고 나가야 합니다. 우리나라를 품고, 지구촌을 품고, 우주를 품고, 거룩한 비전을 품고 세상을 향해 나가는 비저너리(visionary)가 되어야 합니다. 비전을 품고 다니는 사람은 지금 당장 눈에 보이는 것이 없고 손에 잡히는 것이 없을지라도 결코 낙심하거나 절망하거나 포기하지 않습니다. 왜냐하면 가슴에 불타오르는 비전이 있기 때문입니다. 하나님이 주신 비전은 반드시 이루어집니다. 교회 안에 다음세대를 준비해야 합니다. 다음세대가 없다면 미래도 없을 것입니다. 다음세대는 차기세대를 이끌어가는 중요한 세대이기 때문입니다.

다음세대를 꿈꾸기 위해서는, **첫째는** 큐티(Q.T)를 통해 개인적인 영성을 키워나가야 됩니다. 하나님의 음성을 듣는 훈련을 할 뿐만 아니라 예수님을 닮아가는 것입니다. **둘째는** 말씀의 훈련을 해야 합니다. 말씀이 살아있는 세대는 희망이 있는 세대입니다. **셋째는** 차세대를 세워나가야 합니다. **넷째는** 세대와 세대 간의 간격을 좁혀나가야 합니다. 지금 우리는 급변하는 시대 속에 살고 있습니다. 인터넷, 스마트폰, 페이스북… 등과 같은 첨단 정보화시대를 살아가고 있습니다. 이런 급변하는 시대 속에서 우리는 세대와 세대 간의 간격을 좁혀나가야 됩니다. **다섯째는** 문화적 접목이 필요합니다. 시대 시대마다 그 시대의 문화를 타고 복음이 전파됩니다. 그래서 문화적 접목이 필요합니다.

여섯째는 선교의 열정이 있어야 합니다. 영혼을 사랑하는 마음을 가지고 영혼을 구원하는 교회의 본질적 사역에 매진해야 합니다.

셋째는 늙은이들이 꿈을 꾸게 됩니다.

성령을 받은 사람의 특징은 꿈을 잃지 않습니다. 꿈을 꾸는 꿈의 사람이 되는 것입니다. 꿈을 꾸는 것은 나이와는 상관이 없습니다. 성령이 꿈틀거리는 사람은 꿈을 꾸게 되어있습니다. 성령과 꿈은 함께 가는 것입니다. 말세에는 젊은이나 늙은이를 불문하고 꿈을 꾸게 됩니다. 구약시대에 요셉은 꿈을 꾸는 사람이었습니다. 그런데 그 꿈이 나중에 현실로 이루어지게 됩니다. 그러므로 우리는 하나님께서 주시는 원대한 꿈을 꾸며 교회를 아름답게 세워나가야 합니다. 그리고 지구촌을 품고 땅 끝까지 복음을 전파해 나가야 합니다. 하나님이 주신 꿈은 반드시 이루어집니다.

함께 나누기

1. 오늘 말씀 중에 가장 마음에 남는 말씀은 무엇입니까?

2. 그 말씀이 마음에 남는 이유가 무엇입니까?

3. 오늘의 말씀을 통하여 실천해야 될 사항은 무엇입니까?

한 주간의 기도제목

나	
가정	
교회	

제2과
교회의 비전(1)

성경 : 사도행전 9:31

찬송 : 210장, 208장

"그리하여 온 유대와 갈릴리와 사마리아 교회가 평안하여 든든히 서가고 주를 경외함과 성령의 위로로 진행하여 수가 더 많아지니라"(31절)

교회는 다음세대를 꿈꾸며 나가야 합니다. 다음세대가 없다면 교회의 미래도 없을 것입니다. 미래가 있는 교회는 다음세대가 잘 준비된 교회입니다. 따라서 다음세대는 중요하며 다음세대들이 일어나기 위해서는 교회의 비전이 분명해야 합니다.

첫째는 하나님중심의 교회가 되어야 합니다.

교회는 철저하게 하나님중심의 교회가 되어야 하며 사람중심의 교회가 되어서는 안 됩니다. 사람이 교회의 주인이 되어서도 안 됩니다. 사람중심의 인본주의적인 교회는 반드시 무너지게 되어있습니다. 유럽의 교회들이 인본주의 신앙을 따라가다가 방향을 잃고 좌초되어버리고 말았습니다. 그러므로 교회는 철저하게 하나님중심의 교회가 되어야 합니다.

둘째는 성경중심의 교회가 되어야 합니다.

모든 진리의 표준은 성경입니다. 성경은 진리가 되고 표준이 됩니다. 뭔가 잘못되었다고 생각될 때는 항상 진리의 말씀인 성경으로 돌아가야 합니다. 16세기에 종교 개혁자들은 '오직 성경만!'(Sola Scriptura)을 외치며 성경으로 돌아가려는 시도를 하였습니다. 모든 성경은 하나님의 감동으로 기록된 책입니다. 오랜 시간과 여러 저자들에 의해 기록되었지만 통일성 있게 기록된 책이 바로 성경입니다. 그러므로 교회는 끊임없이 변화하는 세상 속에서 진리의 표준인 성경말씀을 붙잡고 나가야 합니다.

셋째는 교회중심의 교회가 되어야 합니다.

하나님은 교회마다 구역을 설정해 주셨습니다. 지역교회마다 하나님께서는 사명을 감당하도록 세워주셨습니다. 지역 교회들마다 영혼들과 민족과 세계를 품고 사명을 감당할 수 있도록 교회를 세워주신 것입니다. 선교단체는 선교단체로서의 역할이 있듯이, 지역교회는 지역교회로서 감당해야 할 역할이 있습니다. 따라서 지역교회는 철저한 교회중심의 교회로서 맡겨주신 사명을 충성스럽게 잘 감당해야합니다.

넷째는 선교중심의 교회가 되어야 합니다.

마지막 시대에 교회를 세워주신 사명이 있다면 그것은 선교적 사명입니다. 교회는 자구적(自救的)인 교회가 되어서는 안 됩니다. 교회는 모이는 교회가 있으면 흩어지는 교회가 있어야 합니다. 모이면 예배와 기도와 양육과 교제를 나누고, 흩어지면 전도와 구제와 선교를 하는 것입니다. 교회는 역동성을 가지고 세상을 영적으로 변화시켜야 될 사명을 가지고 있습니다. 그러므로 교회는 철저하게 선교적인 사명을 감당하는 교회가 되어야 합니다.

첫째, 교회는 예수님의 목양원리를 따라가야 합니다.

목회자와 평신도들이 함께 교회를 세워 나가는 것입니다. 평신도들을 일으켜서 사역하는 평신도중심의 사역이 이루어져야 합니다. 구역은 전도의 장소이며, 삶을 나누는 곳이며, 교회의 징검다리 역할을 하는 곳입니다. 예수님은 세 가지 원칙을 가지고 목양을 하셨습니다. 첫째는 가르치는 사역(Teaching Ministry)과 둘째는 전파하는 사역(Preaching Ministry)과 셋째는 치유하는 사역(Healing Ministry)을 하셨습니다. 예수님은 매우 균형 있게 사역을 하셨습니다.

둘째, 교회는 복음의 열정을 품고 나가야 합니다.

17세기에 영국의 복음전도자였던 요한 웨슬리는 "전 세계는 나의 교구다!"라고 외치며 복음의 열정을 가지고 순회전도자로서 복음을 전하였습니다. 우리는 웨슬리와 같은 복음의 열정을 품고 영혼을 구령하는 자가 되어야 합니다.

셋째, 교회는 사도행전교회를 꿈꾸며 나가야 합니다.

사도행전교회는 성령의 역사를 통하여 불을 받은 교회입니다. 교회는 성령의 불을 받아야 활활 타오르게 됩니다. 성령을 받지 않으면 교회가 힘이 없습니다. 그러므로 교회는 성령을 받고, 성령의 바람을 타고, 온 세상에 복음을 역동적으로 전하는 교회가 되어야 합니다. 사도행전교회는 주님의 평강이 함께 하는 교회요, 든든히 서가는 교회요, 주님을 경외하는 교회요, 성령의 위로가 있는 교회요, 영적성장이 일어나는 교회였습니다. 한마디로 사탄의 방해세력에도 불구하고 역동적으로 확장되어나가는 교회였습니다. 하나님께서 우리를 부르신 목적은 예수님의 마음을 품고 주님이 오시는 날까지 하나님의 비전을 이루어 나가는 것입니다.

함께 나누기

1. 오늘 말씀 중에 가장 마음에 남는 말씀은 무엇입니까?

   ....
   ....
   ....

2. 그 말씀이 마음에 남는 이유가 무엇입니까?

   ....
   ....
   ....

3. 오늘의 말씀을 통하여 실천해야 될 사항은 무엇입니까?

   ....
   ....
   ....

한 주간의 기도제목

나	
가정	
교회	

제3과
교회의 비전(2)

성경 : 사도행전 2:17

찬송 : 184장, 190장

"하나님이 말씀하시기를 말세에 내가 내 영을 모든 육체에게 부어 주리니 너희의 자녀들은 예언할 것이요 너희의 젊은이들은 환상을 보고 너희의 늙은이들은 꿈을 꾸리라"(7-10절)

백세가 넘으신 영등포교회 원로이신 방지일 목사님은 "한국교회가 주님이 걸어가신 십자가의 길을 걷지 않고 있어서 안타깝다"고 최근에 설교하신 적이 있습니다. 교회가 바로 서야 합니다. 그래야 세상이 변합니다. 교회가 상업적이며, 물량주의적, 인본주의적, 세속적으로 흘러가서는 안 됩니다. 교회가 하나님의 말씀에 굳게 서서 바른 방향성을 가지고 주님의 십자가의 길을 걸어가는 참된 교회가 되어야 합니다. 그리고 교회는 주님께서 주신 미래에 대한 청사진을 바라보면서 주님의 뜻에 순종하며 나아가야 합니다. 교회의 방향성은 마치 교회가 나아가야 될 나침반과도 같은 것입니다.

첫째는 성령에 의해 움직이는 교회가 되어야 합니다.

교회의 머리는 그리스도입니다. 교회의 배후에서 섭리하시고 주관하시는 분은 하나님이십니다. 그리고 교회를 위해 중보하시고 교회를 이끌어 가시는 분은 성령님이십니다. 사도행전교회는 성령님이 이끌어 가시는 교회였습니다. 그래서 사도행전을 성령행전이라고 부르기도 합니다. 좋은 교회는 성령님이 이끌어가는 교회입니다. 그러나 사람이 이끌어가는 교회는 사람의 욕심과 이기심과 탐욕 때문에 많은 문제들이 생깁니다.

지금 한국교회 안에 발생하는 문제들이 무엇입니까? 하나님의 교회를 개인 회사를 경영하듯이 사람의 생각과 욕심대로 경영을 하니까 잡음이 생기고 문제가 생기는 것입니다. 그러므로 교회는 성령님이 이끌어가는 교회가 되어야 합니다. 성령님이 이끌어갈 때 교회는 마치 순풍에 돛 단 배처럼 순항하게 될 것입니다.

둘째는 비전에 의해서 움직이는 교회가 되어야 합니다.

베드로는 말세가 되면 성령을 부어주신다고 하였습니다. 성령이 부어질 때 비전을 보게 된다는 것입니다. 성령이 부어지면 비전이 열리는 것입니다. 비전의 열쇠는 성령님입니다. 교회는 비전을 바라보며 나가야 합니다.

셋째는 평신도에 의해서 움직이는 교회가 되어야 합니다.

사도행전교회를 움직이는 동력은 성령 받은 평신도들이었습니다. 예루살렘 교회에 대대적인 핍박이 일어났을 때 흩어진 평신도들이 전 세계 각국에서 가정교회를 개척하여 세웠습니다. 사도 바울이 소아시아지역과 유럽지역을 방문했을 때 이미 그곳에는 교회들이 존재하고 있었습니다. 이것이 평신도들의 위력입니다. 영국의 짐 그레함 목사님은 평신도를 가리켜서 "잠자는 거인(Slipping Giant)이라"라고 하였습니다. 평신도는 교회의 무한한 자원이기 때문입니다. 16세기에 종교 개혁자들이 성경을 평신도들에게 돌려주었다면, 오늘날 목회자는 평신도들에게 사역을 돌려주어야 합니다.

넷째는 소그룹이 활성화되는 교회가 되어야 합니다.

소그룹은 마치 세포조직과 같습니다. 살아있는 세포조직이 꿈틀거리면서 번식을 해 나가는 것입니다. 소그룹이 생명력이 있게 되면 건강한 교회가 세워집니다. 교회가 건강하기 위해서는 소그룹이 건강해야 합니다. 건강한 소그룹을 만들기 위해서는 우리가 예수님의 심장을 가져야 합니다.

다섯째는 지역사회와 함께 호흡하는 교회가 되어야 합니다.

교회를 지역마다 세워 주신 목적이 있습니다. 그것은 지역을 품고 기도하며 구제하고 구원시키라고 노아의 방주처럼 세워 주신 것입니다. 교회는 지역사회에 신선한 영향력을 끼쳐야 합니다. 그리고 세상을 변화시켜나가는 통로가 되어야 합니다. 그럴 때 효과적인 전도가 이루어지게 될 것입니다.

여섯째는 세계 선교를 감당하는 교회입니다.

세계 선교는 종말과 관계가 있고 주님의 재림과 관계가 있습니다. 예수님은 **"천국 복음이 모든 민족에게 증언되기 위하여 온 세상에 전파되리니 그제야 끝이 오리라"**(마 24:14)고 말씀하셨습니다. 땅 끝까지 복음이 전파될 때 종말의 온다는 것입니다. 그러므로 종말을 살아가는 우리는 복음에 대한 분명한 의식을 가지고 전도와 선교에 힘써야 합니다. 분명한 목적과 방향성을 가지고 나가야 합니다. 그래서 교회가 향기 나는 교회가 되도록 만들어야 합니다. 그리고 하나님께 영광을 돌리는 교회가 되어야 합니다.

함께 나누기

1. 오늘 말씀 중에 가장 마음에 남는 말씀은 무엇입니까?

2. 그 말씀이 마음에 남는 이유가 무엇입니까?

3. 오늘의 말씀을 통하여 실천해야 될 사항은 무엇입니까?

한 주간의 기도제목

나	
가정	
교회	

제4과
든든히 세워져 가는 교회

성경 : 에베소서 2:20~22

찬송 : 208장, 210장

"너희는 사도들과 선지자들의 터 위에 세우심을 입은 자라 그리스도 예수께서 친히 모퉁잇돌이 되셨느니라 · 그 안에서 건물마다 서로 연결하여 주 안에서 성전이 되어가고 · 너희도 성령 안에서 하나님이 거하실 처소가 되기 위하여 그리스도 예수 안에서 함께 지어져 가느니라"(20-21절)

    교회가 세워지기까지는 신실하신 하나님의 돌보심과 개척자들의 수고와 눈물과 헌신이 있었기 때문입니다. 씨앗을 뿌리지 않으면 열매를 거둘 수 없는 것처럼 누군가가 눈물로 씨를 뿌렸기 때문에 열매가 있는 것입니다. 교회란 무엇입니까? 교회는 부름을 받은 성도들의 모임입니다. 예수 그리스도를 믿고 구원을 받은 성도들이 모인 곳을 교회라고 부릅니다. 그렇다면 든든한 교회로 세워져 가는 교회는 어떤 교회입니까?

   첫째, 예수 그리스도의 복음의 기초위에 세워진 교회입니다.

    '**너희는 사도들과 선지자들의 터 위에 세워진 자라**'고 하였습니다. 제자는 부름을 받은 사람이며, 사도는 보냄을 받은 사람을 의미합니다. 예수님의 제자들은 부름을 받고 삼년 반 동안 예수님을 따라다니며 가르침을 받았고 땅 끝까지 복음을 전하는 사도로 보냄을 받았습니다. 그리고 목숨을 걸고 땅 끝까지 복음을 전하는 사역을 감당하였습니다. 신약에 나오는 선지자들은 예수 그리스도의 복음을 위해서 살았습니다. 교회는 예수 그리스도의 복음의 기초위에 세워진 교회입니다.

고린도전서에는 교회가 예수 그리스도의 터 위에 세워진 교회라고 말씀합니다. 교회는 예수 그리스도의 터 위에 세워진 것입니다. 이 터는 흔들리지 않는 견고한 터입니다. 예수님은 베드로의 신앙고백 위에 교회를 세우시겠다고 말씀하셨습니다. 이 시대에 교회가 흔들리지 않는 교회로 든든하게 세워져야 합니다. 영적으로 혼탁하게 만드는 이단이나 종교다원주의나 자유주의 신학사상이 흔들지 못하는 교회로 세워져야 합니다. 그리고 사탄의 권세가 감히 흔들지 못하는 복음의 기초위에 든든히 세워져가는 교회가 되어야 합니다.

둘째, 예수 그리스도의 모퉁이 돌 위에 세워진 교회입니다.

모퉁이 돌은 건물을 지을 때 벽과 벽 사이를 이어주는 귀중한 돌입니다. 모퉁이 돌에는 소유주의 이름이 새겨져 있습니다. 바울은 그 모퉁이 돌을 예수 그리스도라고 말씀합니다. 예수 그리스도는 성도와 성도를 연결해 주는 모퉁이 돌입니다. 성도와 성도를 연결하여 우주적 교회를 세워 나가는 중심이 되시는 분입니다. 그래서 교회는 그리스도를 중심으로 세워진 것입니다. 그리스도를 구주로 고백하는 모든 교회들이 모여서 지구촌교회를 이루고 있으며, 앞서 간 성도들과 지구상에 거하는 모든 성도들이 함께 우주적 교회를 이루고 있습니다. 주님께서 재림하시는 날까지 지상에 남아 있는 교회들이 감당해야 될 사명은 생명을 구원하는 일입니다.

안으로는 성도들이 함께 사랑을 나누며 예배를 드리며, 밖으로는 예수 그리스도의 부활의 승리를 선포하면서 복음을 전파해야 합니다. 교회가 먼저는 내적으로 영적개혁이 일어나야 합니다. 둘째는 목회자와 성도들이 자신의 모습을 성찰하며 겸손으로 나가야 합니다. 셋째는 영적인 잠에서 깨어나 말씀과 기도로 무장하고 나가야 합니다. 넷째는 초창기에 순수했던 초심으로 돌아가야 합니다. 다섯째는 교회의 본연의 사명이 무엇인지를 깨닫고 그 사명을 감당해야 합니다. 든든히 세워져 가는 교회는 그리스도의 모퉁이 돌 위에 세워진 교회입니다.

셋째, 예수 그리스도 안에서 지어져 가는 교회입니다.

교회는 완성된 교회가 아니라 완성을 향해서 나아가는 교회입니다. 그래서 이 지상의 교회는 불완전합니다. 인간은 죄성으로 인하여 불완전하기 때문에 자꾸만 문제들이 발생합니다. 그래서 우리가 예수를 믿고 난 이후에 예수님을 닮아가기 위해서 끊임없이 말씀으로 훈련을 하며 인격과 삶의 변화를 추구해 나가는 것입니다.

21절에 '그 안에서 건물마다 서로 연결하여 주안에서 성전이 되어간다'고 하였으며, '**너희도 성령 안에서 하나님이 거하실 처소가 되기 위하여 함께 지어져 가느니라**'고 말씀하고 있습니다. 이것은 계속적으로 교회가 지어져가는 것을 말합니다. 그러므로 교회는 성도들과 함께 큰 비전을 품고 계속적으로 지어져 가는 교회가 되어야 합니다.

함께 나누기

1. 오늘 말씀 중에 가장 마음에 남는 말씀은 무엇입니까?

2. 그 말씀이 마음에 남는 이유가 무엇입니까?

3. 오늘의 말씀을 통하여 실천해야 될 사항은 무엇입니까?

한 주간의 기도제목

나	
가정	
교회	

2월
성장하는 신앙생활

- 목적을 향한 달음질
- 한나의 기도
- 빛의 갑옷을 입자
- 백부장의 믿음

제5과
목적을 향한 달음질

성경 : 빌립보서 3:12~14

찬송 : 302장, 360장

"내가 이미 얻었다 함도 아니요 온전히 이루었다 함도 아니라 오직 내가 그리스도 예수께 잡힌바 된 그것을 잡으려고 달려가노라·형제들아 나는 아직 내가 잡은 줄로 여기지 아니하고 오직 한 일 즉 뒤에 있는 것은 잊어버리고 앞에 있는 것을 잡으려고·푯대를 향하여 그리스도 예수 안에서 하나님이 위에서 부르신 부름의 상을 위하여 달려가노라"(12-14절)

교회는 주님의 음성을 듣고 순종하는 자세로 나가야 합니다. 그리고 교회는 그 시대의 선지자적이며 예언자적인 사명을 감당하는 교회가 되어야 하며 구별된 공동체로서 분명한 정체성을 가지고 나가야 합니다. 아무리 시대가 변해도 교회는 본질을 잃지 않아야 하며 진리의 말씀을 가지고 그 시대를 선도하며 나가야 합니다.

첫째, 예배(Worship)하는 교회가 되어야 합니다.

교회가 존재하는 목적은 예배를 위해서 존재하는 것입니다. 예배를 통해서 하나님의 임재를 찬양하는 것입니다. 교회는 예배가 가장 중요하며 또한 가장 중심에 있어야 합니다. 따라서 예배가 살면 모든 것이 살고 예배가 죽으면 모든 것이 죽습니다. 예배가 살면 교회가 생명력이 있고, 성도들이 은혜를 받고, 활력이 넘치고, 기쁨과 감사가 넘치고, 자원함이 넘치게 됩니다. 예배는 마치 우리 인체의 심장부분과도 같습니다. 그러므로 우리 모두는 참된 예배자가 되어야 합니다. 예배의 승리자는 삶의 승리자가 되기 때문입니다. 그러므로 교회에서 예배는 가장 중요한 위치를 차지하고 있으며 가장 중심에 있어야 하는 것입니다.

둘째, 선교(Mission)하는 교회가 되어야 합니다.

선교를 통해서 하나님의 나라를 지구촌 땅 끝까지 전파하는 것입니다. 선교는 주님의 지상명령입니다. 선교는 예수님의 재림, 종말과 밀접한 관계가 있습니다. 예수님은 마태복음 24장에서 **"이 천국복음이 모든 민족에게 증언되기 위하여 온 세상에 전파되리니 그제야 끝이 오리라"**고 말씀하십니다. 천국 복음이 모든 민족에게 전파되고 나면 그제야 세상 끝이 온다고 말씀하십니다. 세상 끝이 곧 예수님이 재림하시는 날입니다. 베드로 사도는 사도행전 2장에서, 말세가 되면 성령이 임하게 되고 마지막 종말의 징조들이 나타나게 될 것이라고 하였습니다. 그때 누구든지 주의 이름을 부르는 자는 구원을 받게 된다고 하였습니다. 그리고 마지막 종말에 서 있는 우리 교회들이 해야 될 일은 바로 선교입니다.

셋째, 소속감(Membership)을 갖는 교회가 되어야 합니다.

교회 안에서 성도는 분명한 소속감을 가지고 있어야 합니다. 소속을 통한 교제로 하나님나라의 공동체를 만들어가는 것입니다. 왜냐하면 소속을 통해 우리의 신앙이 자라가기 때문입니다. 그러나 소속이 없으면 신앙이 자라지 않습니다. 그러므로 우리는 그리스도의 몸인 교회에 소속이 되어야 합니다. 그래야 머리되신 예수 그리스도를 중심으로 몸이 자라는 것처럼 우리의 신앙이 자라기 때문입니다. 사도행전교회 성도들은 분명한 소속감을 가지고 있었습니다. 그래서 영적인 한 가족으로서 끈끈한 가족애를 가지고 있었습니다. 함께 모이고, 함께 떡을 떼고, 함께 필요를 나누고, 함께 예배하는 공동체였습니다.

그런 모습을 통해 교회가 성장해 가는 모델적인 교회였습니다.

넷째, 성숙(Maturity)을 추구하는 교회가 되어야 합니다.

평신도 제자양육을 통해 변화를 이루어가고 성숙한 신앙을 이루어가는 것입니다. 우리의 신앙생활의 목표는 구원받은 이후에 우리의 인격과 삶의 변화를 이루어가며 성숙한 신앙을 이루어가는 것입니다. 성숙한 신앙으로 자라게 되면 영적인 분별력을 갖게 됩니다. 그래서 사람의 속임수에 넘어가지 않고, 간사한 유혹에 넘어가지 않으며, 온갖 교훈의 풍조에도 요동하지 않게 됩니다. 그리고 성숙한 신앙은 열매 맺는 신앙으로 자라게 되는 것입니다.

다섯째, 사역(Ministry)하는 교회가 되어야 합니다.

우리가 구원을 받고 성장과 성숙을 이룬 이후에는 하나님나라를 위한 사역자로 서야 합니다. 그래서 사역을 통해서 하나님의 나라를 확장시켜 나가는 것입니다. 교회 안에는 아직 구원의 확신이 없는 사람도 있습니다. 어떤 사람은 이제 구원을 통과한 사람도 있습니다. 어떤 사람은 주님의 십자가를 질 수 있는 사람도 있습니다. 교회는 평신도들에 의해 움직이는 교회로 만들어야 합니다. 평신도에 의해서 움직이기 위해서는 우리 모두가 사역자의 정신을 가져야 합니다. 그래서 목회자와 평신도가 함께 교회를 세워나가는 것입니다. 교회는 목적을 향한 달음질을 해야만 합니다. 그래서 신앙의 아름다운 열매를 맺어가며 아름다운 교회를 세워 나가야 합니다.

함께 나누기

1. 오늘 말씀 중에 가장 마음에 남는 말씀은 무엇입니까?

2. 그 말씀이 마음에 남는 이유가 무엇입니까?

3. 오늘의 말씀을 통하여 실천해야 될 사항은 무엇입니까?

한 주간의 기도제목

나	
가정	
교회	

제6과
한나의 기도

성경 : 사무엘상 2:6~8
찬송 : 549장, 400장

"여호와는 죽이기도 하시고 살리기도 하시며 스올에 내리게도 하시고 거기에서 올리기도 하시는도다 • 여호와는 가난하게도 하시고 부하게도 하시며 낮추기도 하시고 높이기도 하시는도다"(6-8절)

오늘 본문에는 사무엘의 어머니인 한나의 기도가 나옵니다. 그녀의 기도에는 모든 인간의 생사화복이 하나님께 달려있다는 것을 고백하고 있습니다. 한나는 아들을 낳지 못하자 하나님께 눈물로 매달려 기도하였습니다. 그런데 하나님께서 은혜를 주셔서 그녀에게 아들을 주셨습니다. 그녀의 기도의 응답이 이루어진 것입니다. 그리고 한나는 아들을 하나님께 바치기로 서원한대로 사무엘이 젖을 떼자마자 하나님께 바쳤습니다. 그리고 아들을 주신 것을 감사하여 하나님께 경배를 드리며 기쁨과 감격 속에서 감사의 기도를 드렸습니다. 한나의 고백 속에는 하나님을 향한 고백이 들어있습니다.

첫째, 하나님은 인간의 생사화복을 주관하십니다.

한나의 기도 속에는 인간의 생사화복 (生死禍福)을 주관하시는 분이 하나님이시라는 것을 고백하고 있습니다. 우리 하나님은 어떤 분입니까? 하나님은 죽이기도 하시며 살리기도 하시는 분입니다. 스올에 내리게도 하시며 올리기도 하십니다. 가난하게도 하시고 부하게도 하십니다. 낮추기도 하시며 높이기도 하십니다. 한마디로 하나님은 인간의 모든 생사화복을 주관하는 분이시라는 것입니다. 따라서 인간의 죽고 사는 문제는 전적으로 하나님께 달려있는 것입니다.

한나는 아이를 낳지 못함으로 수치를 당하며 비천한 자리에 있었습니다. 그렇게 낮은 자리에 있던 그녀를 하나님께서 높은 곳으로 끌어올려 주셨습니다. 수치스런 자리에서 영광스런 자리로 끌어올려 주셨습니다. 그래서 한나는 하나님께 감사의 기도를 드린 것입니다.

그렇습니다. 하나님은 우리를 수치의 자리에서 존귀한 자리로 끌어올려 주십니다. 낮은 자리에서 높은 자리로 끌어올려 주십니다. 가난한 자리에서 부한 자리로 끌어올려 주십니다. 죽음의 자리에서 생명의 자리로 끌어올려 주십니다. 절망의 자리에서 소망의 자리로 끌어올려 주십니다. 우리는 우리의 삶을 항상 좋은 자리로 끌어올려 주시는 하나님께 감사해야 합니다.

둘째, 하나님은 자신의 뜻대로 행하십니다.

하나님은 모든 것을 자신의 뜻대로 행하시는 분입니다. "**가난한 자를 진토에서 일으키시며 빈궁한 자를 거름더미에서 올리사 귀족들과 함께 앉게 하시며 영광의 자리를 차지하게 하시는 도다 땅의 기둥들은 여호와의 것이라 여호와께서 세계를 그것들 위에 세우셨도다**"(8절).

하나님은 가난한 자를 진토에서 일으켜 주십니다. 빈궁한 자를 거름더미에서 올려 주십니다. 귀족들과 함께 앉게 하십니다. 영광의 자리를 차지하게 해 주십니다. 질병의 자리에서 일으켜 주십니다. 절망의 자리에서 일으켜 주십니다. 고통의 자리에서 일으켜 주십니다. 하나님은 모든 것을 자신의 뜻대로 이루어 가십니다.

전능하신 하나님은 나라의 흥망성쇠(興亡盛衰)를 주관하십니다. 나라의 장래를 주관하시며 우리의 모든 기업을 주관하십니다. 우리들의 가정을 주관하시며, 자녀를 주관하십니다. 그리고 우리의 모든 삶을 주관하십니다. 전능하신 하나님은 온 우주를 소유하시고 주관하시며 다스리시는 분입니다.

　풀지 못할 어떤 문제가 있습니까? 해결하지 못할 어떤 문제가 있습니까? 우리가 전능하신 하나님을 의지하며 나갈 때 하나님은 우리를 도와주시며 이끌어 주실 것입니다. 그리고 주님께서 우리와 동행해 주시며 성령님께서 우리의 삶을 이끌어 주실 것입니다. 우리의 삶을 풍성함으로 이끌어 주시는 하나님을 의지하고 원대한 꿈과 비전을 가지고 담대하게 나아가기를 소망합니다.

함께 나누기

1. 오늘 말씀 중에 가장 마음에 남는 말씀은 무엇입니까?

2. 그 말씀이 마음에 남는 이유가 무엇입니까?

3. 오늘의 말씀을 통하여 실천해야 될 사항은 무엇입니까?

한 주간의 기도제목

나	
가정	
교회	

제7과
빛의 갑옷을 입자

성경 : 로마서 13:11~14

찬송 : 261장, 175장

"또한 너희가 이 시기를 알거니와 자다가 깰 때가 벌써 되었으니 이는 이제 우리의 구원이 처음 믿을 때보다 가까웠음이라· 밤이 깊고 낮이 가까웠으니 그러므로 우리가 어둠의 일을 벗고 빛의 갑옷을 입자· 낮에와 같이 단정히 행하고 방탕하거나 술 취하지 말며 음란하거나 호색하지 말며 다투거나 시기하지 말고·오직 주 예수 그리스도로 옷 입고 정욕을 위하여 육신의 일을 도모하지 말라"(11-14절)

사도 바울은 성령에 감동을 입고 핍박과 어려움을 겪고 있는 아시아지역과 유럽지역에 있는 여러 교회들에게 편지를 쓰고 있습니다. 그런데 바울 서신에는 그 시대의 상황을 반영하듯이 군데군데 군사적인 용어들을 사용하고 있습니다. 에베소서에서는 영적전쟁을 하는데 '전신갑주를 입으라'고 표현하고 있습니다. 그리고 로마서에서는 '빛의 갑옷을 입자'라고 표현하고 있습니다. 바울은 우리 그리스도인들이 영적인 빛의 갑옷을 입기를 원했습니다. 그렇다면 우리가 빛의 갑옷을 입기 위해서 어떻게 해야 될까요?

첫째, 자다가 깨어나야 합니다.

우리가 빛의 갑옷을 입기 위해서는 자다가 깨어나야 합니다. 지금 이 시대는 자다가 깨어나야 할 시기입니다. 영적인 잠에서 깨어나야 합니다. 우리가 자다가 깨어나야 하는 이유가 있습니다. 그것은 우리의 구원이 처음 믿을 때보다

가깝기 때문입니다. 주님의 재림의 때가 가까이 다가왔다는 것입니다. 지금 우리가 살고 있는 지구촌에는 지진과 쓰나미와 화산폭발과 같은 재앙들이 처처에서 일어나고 있습니다. 자원이 고갈 되어가고 있습니다. 요한계시록에는 지구의 종말이 다가올수록 미래는 더욱 절망적이 될 것이라고 예언합니다. 그 절망 속에서 성경은 우리의 소망이 오직 주님께 있음을 가르쳐주고 있습니다.

예수님은 사람이 떡으로만 살 것이 아니요 하나님의 입으로 나오는 모든 말씀으로 살 것이라고 말씀하셨습니다. 사람은 경제문제만 해결된다고 사는 것이 아닙니다. 더 근본적인 죄 문제가 해결되어야만 합니다. 따라서 하나님의 말씀인 성경은 우리에게 절대적으로 필요한 것입니다. 하나님의 말씀은 모든 인류문제의 대안이 되기 때문입니다. 우리가 자다가 깨어나야 하는 이유는 우리의 구원이 처음 믿을 때보다 가깝기 때문입니다. 그러므로 우리 그리스도인들은 영적인 잠에서 깨어나야 합니다.

둘째, 어둠의 일을 벗어버려야 합니다.

밤이 깊었다고 하는 것은 새벽이 가까이 왔다는 것을 알리는 것입니다. 어둠이 짙을수록 새벽이 가까이 다가온 것입니다. 죄라는 것은 속성상 주로 밤에 왕성하게 활동을 합니다. 낮이면 잠잠한 것처럼 보이다가 밤이 되면 활개를 치는 것입니다. 죄는 속성상 밤을 좋아하고 어둠을 좋아합니다. 마귀는 어둠에 속한 일들을 좋아하며 빛을 싫어합니다. 그러나 성령님은 빛을 좋아하시며 우리를 빛 가운데로 인도하십니다.

로마서는 바울을 통해서 어둠을 벗어버리고 빛의 갑옷을 입고 낮에와 같이 단정히 행하라고 말씀하고 있습니다. 오늘 본문에는 여러 가지 어둠의 일을 열거하고 있습니다. 방탕, 술 취함, 음란, 호색, 다툼, 시기, 정욕 등이 어둠에 속한 일들입니다. 그러므로 우리 그리스도인들은 이런 어둠의 일들을 벗어버려야 합니다. 그리고 빛의 갑옷을 입고 빛의 자녀답게 살아야 합니다.

셋째, 그리스도로 옷 입어야 합니다.

바울은 그리스도로 옷을 입으라고 편지를 쓰고 있습니다. 그 옷은 예수 그리스도의 옷입니다. 내가 그리스도로 옷을 입는다는 것은 새사람으로 변화되는 것을 의미합니다. 예수님께서 십자가에서 흘린 피 묻은 옷을 입고 새로운 피조물로 거듭나는 것입니다. 바울은 "**그런즉 누구든지 그리스도 예수 안에 있으면 새로운 피조물이라**"고 말씀하고 있습니다.

우리는 공사 중에 있는 사람들입니다. 주님은 우리 인생의 건설현장에서 소장이 되십니다. 성령님은 우리의 내부를 수리하시는 수리공이십니다. 하나님은 모든 것을 결재하시는 천국건설주식회사 대표회장이십니다. 그분은 우리의 내면세계를 공사하시는 중에 계십니다. 따라서 우리는 그리스도로 옷을 입어야 합니다. 그리스도로 옷 입고 새사람으로 변화되어야 합니다. 그리고 새롭게 단장이 되고 변화된 인생이 되어서 하나님께 영광을 돌리는 삶을 살아야 합니다.

우리가 빛의 갑옷을 입기 위해서는 자다가 깨어나야 합니다. 어둠의 일을 벗어버려야 합니다. 그리스도로 옷을 입어야 합니다. 그 변화의 중심에는 성령님이 계시며 성령님이 도와주셔야 합니다. 성령님은 우리를 변화시키는 주체가 되십니다. 그러므로 우리는 빛의 갑옷을 입은 그리스도인으로서 하나님의 영광을 위해 살아가야 합니다.

함께 나누기

1. 오늘 말씀 중에 가장 마음에 남는 말씀은 무엇입니까?

2. 그 말씀이 마음에 남는 이유가 무엇입니까?

3. 오늘의 말씀을 통하여 실천해야 될 사항은 무엇입니까?

한 주간의 기도제목

나	
가정	
교회	

제8과
백부장의 믿음

성경 : 마태복음 8:5~13

찬송 : 540장, 357장

"예수께서 가버나움에 들어가시니 한 백부장이 나아와 간구하여·이르되 주여 내 하인이 중풍병으로 집에 누워 몹시 괴로워하나이다·이르시되 내가 가서 고쳐주리라·백부장이 대답하여 이르되 주여 내 집에 들어오심을 나는 감당하지 못하겠사오니 다만 말씀으로만 하옵소서 그러면 내 하인이 낫겠사옵나이다"(5-8절)

오늘 본문은 로마제국이 세계를 지배하던 시대를 배경으로 하고 있습니다. 로마제국 산하 이스라엘 영토에 주둔하고 있던 로마의 한 백부장이 나옵니다. 그는 가버나움 지역에서 백 명의 군사를 거느리고 있는 로마 군인 장교였습니다. 그런데 하인의 문제를 가지고 예수님께 찾아온 것입니다. 로마 백부장이 가지고 있었던 세 가지 신앙은 무엇입니까?

첫째, 간구하는 신앙을 가지고 있었습니다.

로마 백부장의 집에서 일하던 한 하인이 중풍병으로 쓰러지게 되었습니다. 그는 이스라엘 사람이었습니다. 오늘날도 중풍병은 의학이 발달했음에도 불구하고 쉽게 고쳐지지 않는 질병 가운데 하나입니다. 중풍을 뇌졸중이라고도 합니다. 그리고 이 질병은 일종의 혈관 순환장애입니다. 어떤 사람은 혈이 막히는 경우가 있고, 어떤 사람은 혈이 터지는 경우가 있다고 합니다. 그런데 로마백부장의 하인이 중풍병으로 쓰러진 것입니다. 그래서 누워서 고통하고 있는 그 하인 때문에 백부장이 예수님을 찾아와 간구를 드린 것입니다. 그 백부장은 간구하는 신앙을 가지고 있었습니다.

나는 지금 어떤 문제를 가지고 있습니까? 어떤 답답한 문제가 있습니까? 어떤 어려운 문제가 있습니까? 어떤 질병의 문제가 있습니까? 자녀의 문제가 있습니까? 사업의 문제가 있습니까? 믿음의 문제가 있습니까? 죄의 문제가 있습니까? 백부장처럼 간구하는 신앙을 가지고 예수님 앞으로 나아가십시오. 예수님은 고치지 못할 질병이 없습니다. 그분은 해결하지 못할 문제가 없습니다. 주님은 우리의 모든 질고를 짊어지시고 십자가에서 죽으셨습니다. 주님은 우리에게 간구하는 신앙을 요구하십니다.

둘째, 겸손한 신앙을 가지고 있었습니다.

예수님께서 백부장의 사정을 들으시고 친히 가셔서 고쳐주시겠다고 말씀하셨습니다. 그런데 백부장은 예수님께서 방문하시겠다는 것을 거절하였습니다. 그 이유는 예수님께서 수고롭게 자기 집까지 오시는 것이 너무 죄송스럽게 생각되었기 때문입니다. 그래서 "다만 말씀으로만"(8절) 해 달라고 하였습니다. 백부장은 예수님의 능력을 믿었기 때문에 그분께서 말씀만 하셔도 낫겠다는 믿음을 가지고 있었습니다.

군대는 명령체계 속에서 상관의 명령 한 마디면 움직이는 조직입니다. 그런 것처럼 백부장은 예수님이 말씀만 하셔도 하인이 나을 것이라는 믿음을 가지고 있었던 것입니다. 그는 예수님을 신뢰하는 믿음과 겸손한 신앙을 가지고 있었습니다. 그리고 긍휼히 여기는 마음을 품고 있었습니다. 하나님은 겸손한 신앙을 기뻐하시며 겸손한 기도를 응답해 주십니다. **잠언 16장 18절**에는 "**교만은 패망의 선봉이요 거만한 마음은 넘어짐의 앞잡이니라.**" 잠언 18장 12절에는 "**사람의 마음의 교만은 멸망의 선봉이요 겸손은 존귀의 앞잡이니라**"고 말씀하고 있습니다. 우리 성도는 겸손한 신앙을 가져야 합니다. 주님은 우리에게 겸손한 신앙을 요구하십니다.

셋째, 응답받는 신앙을 가지고 있었습니다.

백부장의 사정을 들으신 예수님은 놀랍게 여기셨습니다. '놀랍게 여겼다'는 것은 '깜짝 놀라다,' '감탄을 하다'는 뜻입니다. 예수님은 백부장의 믿음을 보시고 깜짝 놀라시며 감탄을 하신 것입니다. 왜냐하면 백부장은 이방인이요, 로마 사람이었기 때문입니다. 그리고 이스라엘 사람들 중에서도 "이만한 믿음"을 만나보지 못하였기 때문입니다. 그래서 예수님이 깜짝 놀라신 것입니다. 백부장은 큰 믿음을 가지고 있었습니다. 예수님은 우리에게도 큰 믿음을 요구하십니다. 칭찬 받는 믿음, 깜짝 놀랄만한 믿음을 요구하십니다.

히브리서 11장 6절에 보면, **"믿음이 없이는 하나님을 기쁘시게 하지 못하나니 하나님께 나아가는 자는 반드시 그가 계신 것과 또한 그가 자기를 찾는 자들에게 상주시는 이심을 믿어야 할지니라"** 고 말씀하고 있습니다. 하나님은 믿음이 있는 자를 기뻐하십니다. 믿음이 없이는 하나님을 기쁘시게 못한다고 하였습니다. 우리에게는 큰 믿음의 분량이 필요합니다. 성경에 나오는 아벨은 믿음으로 제사를 드렸습니다. 에녹은 믿음으로 하나님과 동행하였습니다. 아브라함은 믿음으로 독자 이삭을 바쳤습니다. 백부장은 겸손한 믿음으로 구했을 때 응답을 받았습니다. **"가라 네 믿은 대로 될지어다!"** 우리가 큰 믿음으로 나간다면 위대한 역사, 기적의 역사, 축복의 역사를 경험하게 될 것입니다.

함께 나누기

1. 오늘 말씀 중에 가장 마음에 남는 말씀은 무엇입니까?

2. 그 말씀이 마음에 남는 이유가 무엇입니까?

3. 오늘의 말씀을 통하여 실천해야 될 사항은 무엇입니까?

한 주간의 기도제목

나	
가정	
교회	

3월
순종하는 신앙생활

- 재림의 징조
- 혼인잔치의 비유
- 가나안 여자의 큰 믿음
- 사순절을 맞는 자세
- 부활신앙

제9과
재림의 징조

성경 : 마태복음 24:3~8

찬송 : 179장, 180장

"예수께서 감람산 위에 앉으셨을 때에 제자들이 조용히 와서 이르되 우리에게 이르소서 어느 때에 이런 일이 있겠사오며 또 주의 임하심과 세상 끝에는 무슨 징조가 있사오리이까 · 예수께서 대답하여 이르시되 너희가 사람의 미혹을 받지 않도록 주의하라"(3-4절)

오늘 본문은 예수님의 재림의 징조에 대해서 말씀하고 있습니다. 즉 종말의 때를 말씀하고 있습니다. 제자들이 예수님께 조용히 질문을 드렸습니다. 첫째는 주님이 언제 재림하시느냐는 것입니다. 둘째는 세상 끝 날에는 어떤 징조가 있느냐는 것입니다. 언제 예수님이 재림하십니까? 세상 끝 날에는 어떤 징조들이 있습니까? 그리고 재림의 때를 살아가는 우리 성도는 어떤 자세로 살아가야 합니까?

첫째, 주님이 언제 재림하십니까?

예수님은 재림의 때에 대해서 가르쳐 주십니다. "그러나 그 날과 그 때는 아무도 모르나니 하늘의 천사들도 아들도 모르고 오직 아버지만 아시느니라"(막 24:26). 주님의 재림에 관한 것은 천상의 일급비밀이며 하늘의 천사들도 아들도 모른다고 하였습니다. 그렇지만 성경은 시대를 분별하라고 말씀하고 있습니다. 그리고 무화과 잎이 연하여지면 예수님의 재림의 때가 가까워 온 것이라고 힌트를 주고 있습니다. 그리고 성경은 재림의 때를 말씀하기 보다는 종말을 살아가는 우리 성도의 청지기적 역할에 대해서 더 강조를 해주고 있습니다. 재림의 때를 살아가는 성도는 충성스런 청지기로 살아가야 한다는 것입니다.

둘째, 주님의 재림의 때에 어떤 징조가 있습니까?

첫째는 미혹이 일어납니다.

세상 끝 날에는 영적인 미혹이 일어납니다. 많은 사람들이 그리스도의 이름으로 나타나서 미혹을 한다는 것입니다. 지금 우리 주변에는 많은 이단들이 나타나서 미혹을 하고 있으며, 가짜 그리스도들이 많이 나타나고 있습니다. 그것은 영적인 교만의 극치에서 온 것입니다. 우리 그리스도인들은 세상 끝이 다가올수록 정신을 차리고 진리로 단단히 무장하며 영적으로 깨어 있어야 합니다. 그래야 영적으로 혼미해 지지 않고 분별력을 가지고 살아갈 수 있습니다.

둘째는 난리와 난리의 소문을 듣습니다.

주님의 재림의 때가 되면 난리와 난리의 소문을 듣게 됩니다. 전쟁의 소식으로 시끄러운 소식을 듣게 되는 것입니다. 민족이 민족을 대적하여 일어나며 나라가 나라를 대적하여 일어납니다. 요즘 우리 주변에서 일어나는 전쟁의 소식들은 종말의 징조 가운데 하나입니다. 예수님은 그런 난리와 난리의 소문 속에서도 두려워하지 말라고 말씀하십니다. 전쟁은 종말의 징조임에는 틀림없습니다. 그러나 전쟁은 종말을 알리는 전주곡에 불과한 것입니다. 세상의 종말은 예수님의 재림으로 오게 될 것입니다. 따라서 우리 그리스도인들은 난리와 난리 속에서도 두려워하지 말아야 합니다. 그리고 주님의 십자가를 붙드는 담대한 믿음을 가지고 살아야 합니다.

셋째는 기근과 지진이 일어납니다.

전쟁이 일어나면 먹을 것이 부족해지며 기근이 일어납니다. 지금도 전 세계적으로 보면 전쟁과 테러 때문에 기근을 당하고 있는 민족들이 많이 있습니다.

르완다에서는 정부군과 게릴라군 간에 내전으로 인해서 대학살이 이루어지고 빈곤과 기아에 허덕이고 있습니다. 예수님의 재림 징조 가운데 하나는 지진이 일어난다고 하였습니다. 요즘 보면 여기저기서 지진과 해일과 화산이 일어나고 있습니다. 중국, 아이티, 일본, 인도네시아, 한국 등… 계속적으로 지진이 일어나고 있습니다. 지진은 일반적으로 하나님의 진노의 표시입니다. 이런 기근과 지진과 화산 같은 자연 재해 현상들은 세상의 종말이 가까이 왔음을 알리는 신호임을 성경은 가르쳐주고 있습니다.

넷째는 불법이 성행합니다.

마지막 때가 되면 불법이 성행한다고 하였습니다. 여기서 불법은 불신앙적인 방종과 타락을 의미합니다. 사람들이 세상에 마음을 다 빼앗겨버리게 됩니다. 그래서 사랑이 식어지는 것입니다. 하나님에 대한 사랑이 식어지고, 교회에 대한 사랑이 식어지고, 이웃에 대한 사랑이 식어지는 것입니다. 그렇지만 끝까지 견디는 자는 구원을 받습니다. 재림의 때를 살아가는 우리 성도는 끝까지 인내하며 살아야 합니다.

셋째, 종말을 살아가는 우리 성도가 어떤 자세로 살아야 합니까?

첫째는 담대한 믿음을 가지고 살아야 합니다. 둘째는 시대를 분별하며 살아야 합니다. 셋째는 근신하며 깨어 있어야 합니다. 넷째는 지혜로운 청지기처럼 충성스럽게 살아야 합니다. 우리가 가진 건강과 시간과 재능과 재물을 드려서 기쁨으로 주님을 섬겨야 합니다. 그리고 주님의 증인된 삶을 살아야 하며 또한 하나님의 영광을 위해 살아야 합니다.

함께 나누기

1. 오늘 말씀 중에 가장 마음에 남는 말씀은 무엇입니까?
   _____
   _____
   _____
   _____

2. 그 말씀이 마음에 남는 이유가 무엇입니까?
   _____
   _____
   _____
   _____

3. 오늘의 말씀을 통하여 실천해야 될 사항은 무엇입니까?
   _____
   _____
   _____
   _____

한 주간의 기도제목

나	
가정	
교회	

제10과
혼인잔치의 비유

성경 : 마태복음 22:1~4
찬송 : 175장, 180장

"예수께서 다시 비유로 대답하여 이르시되·천국은 마치 자기 아들을 위하여 혼인 잔치를 베푼 어떤 임금과 같으니·그 종들을 보내어 그 청한 사람들을 혼인 잔치에 오라 하였더니 오기를 싫어하거늘·다시 다른 종들을 보내며 이르되 청한 사람들에게 이르기를 내가 오찬을 준비하되 나의 소와 살진 짐승을 잡고 모든 것을 갖추었으니 혼인 잔치에 오소서 하라 하였더니"(1-4절)

오늘 본문 마태복음에는 혼인잔치의 비유가 나옵니다. 예수님께서 천국에 대한 비유를 말씀하셨는데, 어떤 임금이 자기 아들을 위한 혼인잔치를 베푼 것에 비유를 하고 있습니다. 임금이 자기 아들을 위한 혼인잔치를 베푼 것은 곧 하나님께서 천국잔치를 베푼 것을 의미하고 있습니다. 그렇다면 천국의 혼인잔치에 초청을 받은 우리 그리스도인들이 어떻게 해야 할까요?

첫째, 혼인잔치에 반드시 참여해야 합니다.

임금이 자기 아들을 위한 혼인잔치를 베풀었습니다. 임금은 왕자에 대한 성대한 잔치를 베풀어 놓고 종들을 통하여 모든 사람들이 참여할 수 있도록 초청을 하였습니다. 그런데 사람들이 오기를 싫어한 것입니다. 그래서 임금이 다시 다른 종들을 보내서 초청을 합니다.

그런데 사람들이 혼인잔치에 오기를 거절한 것입니다. 고대사회에서 임금의 초청을 거절한다는 것은 있을 수 없는 일입니다. 그런데 거절을 한 것입니다. 사실 오찬의 시간대는 바쁜 시간대입니다. 그럼에도 불구하고 초청을 한 것은 그 혼인잔치는 중요한 잔치였기 때문입니다. 여기에는 매우 중요한 의미가 들어 있습니다. 아무리 바쁜 일이 있을지라도 구원보다 더 중요한 일은 있을 수 없다는 것입니다. 인생에 아무리 바쁜 일이 있을지라도 만사를 제쳐놓고 구원을 받아야 된다는 것입니다. 여기에는 어떤 변명도 있을 수 없습니다. 우리는 급한 일 때문에 중요한 일을 놓치고 살아서는 절대로 안 되는 것입니다.

둘째, 삶의 우선순위를 정하고 살아야 합니다.

우리의 삶의 우선순위를 정하지 않고 살면 인생이 뒤죽박죽 되어버리고 맙니다. 인생의 첫 단추를 잘못 끼우면 모든 인생이 뒤틀려버리는 것과 같습니다. 그렇다면 우리 인생의 가장 중요한 우선순위가 무엇입니까?

첫째는 하나님입니다. 하나님이 우리 인생에 있어서 가장 중요한 분이며 우리 인생의 중심이 되어야 합니다. 하나님이 없는 인생은 알맹이 없는 인생이요, 빈껍데기 인생이요, 의미 없는 인생이요, 축복받지 못한 인생이 되어버리기 때문입니다. 그러므로 반드시 하나님 중심의 삶을 살아야 합니다.

둘째는 가정입니다. 우리의 가정이 잘 세워져야 합니다. 하나님 중심의 가정을 세워야 합니다.

셋째는 사역입니다. 사역자가 하나님 우선순위가 되고 가정이 바로 설 때 힘 있는 사역이 이루어질 수 있습니다. 회사에서 일하는 남편이 하나님 중심의 삶이 이루어지고 가정이 평안할 때, 회사에서 마음껏 기량을 펼칠 수 있게 될 것입니다. 그러므로 우리는 인생의 중요한 우선순위를 기억하며 살아야 합니다.

셋째, 의의 옷을 반드시 입어야 합니다.

유대인들을 구원으로 초청했는데 거절하였습니다. 그래서 하나님은 네거리 길에서 사람들을 만나는 대로 데리고 오라고 하였습니다. 즉 구원의 복음이 유대인에서 이방인에게로 넘어간 것입니다. 교회는 누구든지 초청을 받을 수 있는 곳입니다. 지위고하를 막론하고, 많이 배운 사람이나 적게 배운 사람도, 부자나 가난한 사람도, 누구든지 초청을 받을 수 있습니다. 그리고 누구든지 예수를 믿으면 구원받을 수 있습니다. 그런데 임금의 아들 혼인잔치에 참여하려면 예복을 입어야 하듯이 천국잔치에 참여하려면 반드시 의의 옷을 입어야 합니다. 그 의의 옷은 회개와 믿음의 옳은 행실을 의미합니다.

바울은 옛사람을 벗어버리고 새사람을 입으라고 하였습니다. 의와 진리의 거룩함으로 지으심을 받은 새사람을 입으라고 하였습니다. 의의 옷으로 갈아입고 완전히 변화된 인생을 살라는 것입니다. 임금으로부터 초대를 받았지만 예복을 입지 않은 사람은 누구를 가리킵니까? 명목상의 그리스도인, 가라지와 같은 사람, 쭉정이와 같은 사람, 염소와 같은 사람, 영적으로 거듭나지 않은 사람을 가리킵니다. 그러므로 우리는 주님 앞에 설 때에 반드시 영적인 예복, 즉 구원의 예복을 입어야 합니다.

하나님은 한 영혼이 구원의 예복을 입고 하나님나라 축제의 자리에 참여하는 것을 기뻐하십니다. 하나님께서 충분한 시간을 주실 때 예복을 입어야 합니다.

함께 나누기

1. 오늘 말씀 중에 가장 마음에 남는 말씀은 무엇입니까?

2. 그 말씀이 마음에 남는 이유가 무엇입니까?

3. 오늘의 말씀을 통하여 실천해야 될 사항은 무엇입니까?

한 주간의 기도제목

나	
가정	
교회	

제11과
가나안 여자의 큰 믿음

성경 : 마태복음 15:21~28

찬송 : 358장, 360장

"예수께서 거기서 나가사 두로와 시돈 지방으로 들어가시니 · 가나안 여자 하나가 그 지경에서 나와서 소리 질러 이르되 주 다윗의 자손이여 나를 불쌍히 여기소서 내 딸이 흉악하게 귀신들렸나이다 하되"(21-22절)

오늘 본문에 보면 예수님께서 두로와 시돈지방으로 전도를 가시게 되었습니다. 두로와 시돈지방은 이방 지역이면서 영적으로 보면 아주 척박한 지역이었습니다. 베니게의 주요 항구도시로서 성경에서는 우상을 숭배하는 지역으로 자주 등장하고 있습니다. 그런데 예수님은 그곳으로 전도를 하러 가신 것입니다. 그런데 가나안 여자 하나가 예수님께 절박한 문제를 가지고 찾아온 것입니다. 그렇다면 가나안 여자는 어떤 믿음을 가지고 예수님을 찾아왔습니까?

첫째, 간절히 구하는 믿음을 가지고 찾아왔습니다.

가나안 여자가 가지고 있는 문제는 딸의 문제였습니다. 사랑하는 딸이 귀신에 들린 것입니다. 부모는 자녀가 아픔을 겪을 때 함께 가슴 아파 합니다. 그것이 부모의 마음입니다. 그런데 그 가나안 여자의 딸이 흉악한 귀신이 들린 것입니다. 딸이 귀신에게 붙들려서 고통을 당하고 있는 절박한 문제를 가지고 예수님을 찾아온 것입니다. 절박한 문제가 위기가 되기도 하지만 때로는 기회가 되기도 하는 것입니다. 위기가 기회가 되며 절망이 희망이 되는 것입니다.

예수님은 구하고 찾고 두드리라고 말씀하십니다. 야고보 기자는 조금도 의심하지 말고 기도하라고 가르쳐줍니다.

가나안 여자가 가지고 있는 믿음은 의심하지 않는 믿음이었습니다. 예수님께 나아가면 반드시 해결 받을 수 있을 것이라는 믿음을 가지고 있었습니다. 엘리야는 우리와 똑 같은 사람이었지만 간절하게 구할 때에 삼년 육 개월 동안 이스라엘 땅에 비가 멈춰버렸습니다. 그리고 다시 기도했더니 하나님이 비를 내려주신 것입니다. 이것이 믿음으로 구하는 기도입니다. 가나안 여자는 간절히 구하는 믿음을 가지고 있었습니다. 따라서 우리에게도 간절히 구하는 믿음이 필요합니다.

둘째, 인내하는 믿음을 가지고 찾아왔습니다.

가나안 여자가 예수님께 소리를 지르며 간청을 드립니다. "다윗의 자손 예수여!" "나를 불쌍히 여겨주십시오!" "내 딸이 흉악히 귀신이 들렸습니다!" 그렇지만 예수님은 아무런 대답도 하지 않으십니다. 제자들은 그 여자가 귀찮다는 듯이 보내버리자고 말합니다. 그때 예수님께서 그 여자의 간청을 또 거절합니다. "나는 이스라엘 집의 잃어버린 양 외에는 다른 데로 보내심을 받지 아니 하였노라!" 그렇게 거절하는데도 그녀는 결코 포기하지 않고 예수님께 절을 하며 간청을 합니다. 가나안 여자가 엎드려 간청을 드렸는데도 또 거절을 하십니다. "자녀의 떡을 취하여 개들에게 던짐이 마땅하지 아니하니라!" 이번에는 수모를 당하게 된 것입니다.

그럼에도 불구하고 그 가나안 여자는 인내하는 믿음을 가지고 예수님께 매달렸습니다. 예수님께서 분명히 자기 딸을 고쳐주실 것이라고 하는 확실한 믿음을 가지고 있었기 때문입니다. 여기에는 가나안 여자의 끝까지 붙잡는 믿음, 결코 포기하지 않는 믿음, 인내하는 믿음이 있습니다. 야고보는 인내하는 자가 복되다고 하였습니다. 욥은 그의 인생에 감당하기 어려운 고난이 있었지만 인내를 통하여 좋은 결말을 보여준 사람입니다. 따라서 우리는 인내하는 신앙을 가져야 합니다.

셋째, 응답받는 믿음을 가지고 찾아왔습니다.

가나안 여자는 흉악하게 귀신들린 딸의 문제를 가지고 예수님께 매달리며 간청합니다. 믿음을 가지고 매달린 것입니다. 개 취급을 당해도 물러서지 않습니다. 그때 가나안 여자는 예수님으로부터 응답을 받게 됩니다. 예수님께서 그 여자를 축복하십니다. **"여자여 네 믿음이 크도다!" "네 소원대로 되리라!"** 가나안 여자는 큰 믿음을 통해 소원이 이루어진 것입니다.

나폴레옹이 유럽을 침공 했을 때 그의 군대가 오스트리아의 국경도시를 포위했습니다. 그때 시의회에서 비상소집을 하고 긴급사태를 논의한 결과 조기에 항복하자는 결론을 내렸습니다. 그때 한 사람이 일어나서 이렇게 말했다고 합니다. "우리의 힘을 의지한다면 우리는 질 수 밖에 없습니다!" "오늘이 부활절인데 예정대로 교회의 종을 치고 예배를 드립시다!" "그리고 나머지 문제는 하나님께 맡겨버립시다!" 그때 모든 시의회 의원들이 찬성을 하고 우렁찬 종소리를 울렸는데 그 소리를 들은 프랑스군은 오스트리아의 지원병이 온 줄로 착각하고 퇴각을 하고 말았다고 합니다. 그들이 전적으로 하나님을 의지하는 믿음을 가졌을 때 적군을 물리칠 수 있었던 것입니다. 따라서 하나님을 전적으로 의지하는 믿음은 응답을 받게 됩니다.

함께 나누기

1. 오늘 말씀 중에 가장 마음에 남는 말씀은 무엇입니까?

   ....
   ....
   ....
   ....

2. 그 말씀이 마음에 남는 이유가 무엇입니까?

   ....
   ....
   ....

3. 오늘의 말씀을 통하여 실천해야 될 사항은 무엇입니까?

   ....
   ....
   ....

한 주간의 기도제목

나	
가정	
교회	

제12과
사순절을 맞는 자세

성경 : 시편 22:1~8

찬송 : 151장, 265장

"내 하나님이여 내 하나님이여 어찌 나를 버리셨나이까 어찌 나를 멀리하여 돕지 아니하시오며 내 신음하는 소리를 듣지 아니하시나이까 • 내 하나님이여 내가 낮에도 부르짖고 밤에도 잠잠하지 아니하오나 응답하지 아니하시나이다"(1-2절)

사순절(四旬節)은 예수 그리스도의 수난을 기념하는 교회의 절기 가운데 하나입니다. 사순절은 325년 니케아 공의회에서 결정된 절기입니다. 이 절기는 재를 이마에 바르고 죄를 회개하는 '재의 수요일'로부터 시작이 됩니다. 그리고 종려주일과 고난주간을 거쳐서 부활절 전날까지입니다. 그렇다면 사순절을 맞이하는 우리가 어떤 마음의 자세를 가지고 맞이해야 할까요?

첫째, 십자가의 고난을 묵상하며 보내야 합니다.

예수님께서 나를 위하여 십자가에서 고난당하신 십자가를 묵상하며 경건하게 보내는 것입니다. 그리고 예수님의 고난에 동참하는 것입니다. 바울은 그리스도의 남은 고난을 교회를 위하여 내 육체에 채운다고 하였습니다. 그리스도의 고난에 동참한다는 뜻입니다. 우리가 구원을 받은 하나님의 자녀로서 그리스도의 고난에 동참하는 것은 큰 은혜입니다. 시편 22편에서 다윗은 사울 왕에게 쫓겨 다니면서 핍박과 수난을 당하는 절박한 상황 속에서 자신의 모습을 통해 장차 수난 당하실 메시야를 성령의 감동을 통하여 예언하게 됩니다. 극심한 고난 가운데서 메시야를 바라보게 된 것입니다. 거부였던 욥이 하루아침에 재산도, 자녀도, 아내도, 자신의 건강까지도 모두 다 잃어버렸습니다. 욥은 극심한 고난 속에서 구속자를 바라보게 된 것입니다. 다윗은 처절한 고통의 자리에서 예수님의 십자가의 수난을 노래합니다.

둘째, 자신을 성찰하는 기회로 삼아야 합니다.

예수님은 겟세마네 동산에서 십자가의 죽음을 앞에 두고 제자들에게 깨어 있으라고 말씀하십니다. 그러나 제자들을 마음은 원이로되 육신이 약하여 곤한 잠에 빠져버리고 말았습니다. 사순절을 보내는 우리는 **첫째**, 영적으로 깨어 있어야 합니다. 깨어 있지 않으면 베드로처럼 사탄의 영향을 받게 됩니다. **둘째**, 자신을 돌아보는 기회로 삼아야 합니다. 자신을 성찰하는 것입니다. **셋째**, 자신을 절제해야 합니다. 텔레비전 드라마, 영화, 게임, 음식, 인터넷, 핸드폰 등을 절제 하는 것으로서 미디어 금식에 동참하는 것입니다. 우리는 알게 모르게 미디어중독에 많이 노출되어 있습니다. 특별히 자녀들이 미디어 중독에 빠져있는 경우가 많습니다. 사순절에 부모로부터 어린아이까지 미디어금식에 동참하여 자신의 성찰의 기회로 삼아 영적인 유익을 얻는 기회가 되었으면 합니다.

셋째, 신앙의 성장과 성숙의 기회로 삼아야 합니다.

우리는 하나님의 아들 예수 그리스도를 믿고 알아가야 합니다. 우리가 예수님을 믿으면 구원을 받습니다. 그리고 아는 만큼 성장하게 됩니다. 따라서 우리는 예수 그리스도를 믿어야 하며 알아가야 합니다. 온전한 사람을 이루어가야 합니다. 그리고 온전한 사람을 이루어서 그리스도의 장성한 분량까지 성장하고 성숙해 가야 합니다. 만일 우리가 현재의 위치에서 안주하고 있다면 신앙이 지속적으로 자라가지 못할 것입니다. **첫째는** 양육코스를 통해서 신앙성장을 이루어가야 합니다. **둘째는** 새벽기도 회복운동이 일어나야 합니다. 우리가 새벽을 깨우면 주님께서 우리를 영적으로 깨우실 것입니다. 예수님은 예루살렘에 있는 겟세마네 동산에서 규칙적으로 기도하셨습니다. 금식과 회개로 나가면 흉악의 결박을 풀어주십니다. 멍에의 줄을 끌러 줍니다. 압제 당한 자를 자유하게 해 줍니다. 이것이 진정한 금식입니다. 그래서 신앙의 성장과 성숙을 이루어가야 합니다.

넷째, 사랑을 실천하는 기회로 삼아야 합니다.

예수님은 마태복음 22장에서 사랑을 실천하라고 말씀하십니다. **첫째는** 하나님을 사랑하라고 말씀하십니다. 네 마음을 다하고 목숨을 다하고 뜻을 다하여 하나님을 사랑하라는 것입니다. **둘째는** 네 이웃을 사랑하라고 말씀하십니다. 이웃을 자기 몸처럼 사랑하라는 것입니다. 사순절은 구제와 나눔 등으로 구체적인 사랑을 실천하는 기회로 삼아야 합니다.

우리는 십자가의 고난을 깊이 묵상하며 예수님의 고난에 동참하며 자신의 모습을 성찰하는 기회로 삼아야 합니다. 그리고 신앙의 성장과 성숙의 기회로 삼으며 사랑을 실천하는 기회로 삼아야합니다. 그래서 주님 앞에 더욱더 가까이 나아가는 사순절이 되어야 할 것입니다.

함께 나누기

1. 오늘 말씀 중에 가장 마음에 남는 말씀은 무엇입니까?

2. 그 말씀이 마음에 남는 이유가 무엇입니까?

3. 오늘의 말씀을 통하여 실천해야 될 사항은 무엇입니까?

한 주간의 기도제목

나	
가정	
교회	

제16과
부활신앙

성경 : 마태복음 28:1~10
찬송 : 160장, 164장

"그가 여기 계시지 않고 그가 말씀하시던 대로 살아나셨느니라 와서 그가 누우셨던 곳을 보라"(6절)

우리가 믿는 예수님의 부활은 역사적인 부활을 믿는 것입니다. 결코 관념적이거나 철학적인 부활신앙이 아닙니다. 성경에서 증거하고 있는 부활은 지금부터 약 2,000년 전에 실제적으로 일어났던 역사적인 부활을 증거하고 있습니다. 부활신앙은 어떤 신앙입니까?

첫째, 성경의 예언을 믿는 신앙입니다.

예수님은 그가 말씀하신대로 살아나셨습니다. **"그의 누우셨던 곳을 보라"**고 하였습니다. 예수님은 십자가에 달려 죽으시기 전에 여러 차례 제자들에게 말씀하셨습니다. 베드로가 신앙고백을 했을 때 예수님은 처음으로 십자가의 죽음을 언급하셨습니다. 예루살렘에 올라가서 장로들과 대제사장들과 서기관들에게 많은 고난을 받고 죽임당할 것을 예언하셨습니다. 그리고 제 삼일 만에 다시 살아나실 것을 예언하셨습니다.

따라서 예수님의 부활은 어느 날 우연히 일어난 사건이 아니라 구약시대부터 많은 선지자들이 예언했던 그 예언의 성취이며 또한 예수님 자신이 예언했던 그 예언이 성취된 것입니다. 예수님은 요나가 물고기 뱃속에 들어간 사건을 예수님의 무덤의 사건의 그림자로 말씀하고 있습니다. 예수님은 성경의 예언대로 십자가에서 죽으셨을 뿐만 아니라 사망권세를 깨뜨리시고 다시 살아나셨습니다. 바울은 고린도전서 15장에서 예수님께서 성경대로 살아나셨다고 증거하고 있습니다. 따라서 우리는 성경의 예언을 믿는 부활신앙을 가져야 합니다.

둘째, 사망권세를 깨뜨린 것을 믿는 신앙입니다.

안식일이 지나고 첫날이 되었습니다. 새벽에 막달라 마리아가 무덤으로 갔을 때 이미 무덤 문이 열려 있었습니다. 큰 지진이 일어나며 주의 천사가 하늘에서 내려 왔습니다. 큰 돌문이 열려져 있었습니다. 그리고 천사의 형상은 번개와 같았습니다. 옷은 눈같이 희었습니다. 무덤을 지키고 있던 병사들은 죽은 사람처럼 되었습니다. 얼마나 놀랐으면 그랬겠습니까? 심장이 멈춰버린 듯한 충격을 받았을 것입니다. 그때 천사의 위로의 말이 들려 왔습니다. **"너희는 무서워 말라!" "십자가에 못 박히신 예수를 너희가 찾는 줄 아노라!" "그가 여기 계시지 않고 살아나셨느니라!" "그의 누우셨던 곳을 보라!"**

주님은 우리에게도 동일하게 말씀하십니다. **"너희는 무서워 말라!"** 부활신앙은 두려워하는 신앙이 아니라 기뻐하고 감격하는 신앙입니다. 승리를 선포하며 소망 중에 나아가는 신앙입니다. 부활사건은 예수 그리스도께서 사탄의 정수리를 깨뜨려버린 승리의 사건입니다(창 3:15). 부활은 우리에게 소망을 주는 사건입니다. 그러므로 우리는 사망권세를 깨뜨리시고 부활하신 그리스도의 승리를 믿고 담대한 부활신앙을 가져야 합니다.

셋째, 예수님을 증거하는 신앙입니다.

부활신앙을 가진 성도는 자기 자신 만이 기뻐하고 감사하고 소망을 가진 삶이 아니라 그 기쁨과 소망을 다른 사람에게도 전해 주어야 합니다. 막달라

마리아는 예수님께서 부활하신 현장을 목격하고 기쁨으로 달려갔습니다. 먼저는 제자들에게 기쁨과 환희에 찬 감격과 부활의 소망을 가지고 달려갔습니다. 이것이 부활의 소망을 가진 자의 모습입니다. 부활의 증인된 우리는 환희에 찬 얼굴로 소망을 가지고 달려가야 합니다. 가족과 이웃과 민족과 세계 열방을 향해 달려가야 합니다.

그래서 예수님은 모든 민족에게로 가서 제자를 삼으라고 명령하셨습니다. 부활의 소망을 가진 사람은 온 세계에 부활의 소식을 전하는 일에 동참해야 합니다. 사도 바울은 소아시아와 유럽지역으로 복음을 들고 갔습니다. 초대교회 성도들은 전 세계로 갔습니다. 아펜젤러와 언더우드 선교사는 1885년 부활절 아침 여명이 터오는 조선 땅으로 달려왔습니다. 한국교회의 약 2만 명이 넘는 선교사들이 지구촌에서 지금도 부활의 소망과 승리의 소식을 전하고 있습니다. 그러므로 우리는 부활의 소망과 승리를 증거하는 신실한 증인들이 되어야 합니다.

함께 나누기

1. 오늘 말씀 중에 가장 마음에 남는 말씀은 무엇입니까?

2. 그 말씀이 마음에 남는 이유가 무엇입니까?

3. 오늘의 말씀을 통하여 실천해야 될 사항은 무엇입니까?

한 주간의 기도제목

나	
가정	
교회	

4월
성령충만한 신앙생활

- 형통의 비결
- 행복한 사람
- 아버지의 마음을 가지라
- 실천하는 신앙

제14과
형통의 비결

성경 : 열왕기상 2:1~3

찬송 : 386장, 384장

"다윗이 죽을 날이 임박하매 그의 아들 솔로몬에게 명령하여 이르되·내가 이제 세상 모든 사람이 가는 길로 가게 되었노니 너는 힘써 대장부가 되고·네 하나님 여호와의 명령을 지켜 그 길로 행하여 그 법률과 계명과 율례와 증거를 모세의 율법에 기록된 대로 지키라 그리하면 네가 무엇을 하든지 어디로 가든지 형통하리라"(1-3절)

열왕기상은 이스라엘의 두 번째 왕인 다윗의 죽음으로부터 시작하고 있습니다. 다윗의 죽음이 임박해 온 것입니다. 죽음을 앞둔 다윗이 자신의 후계자인 솔로몬에게 유언처럼 명령을 합니다. 그 유언의 내용에는 솔로몬이 형통할 수 있는 비결이 들어 있습니다. 그 형통의 비결이 무엇입니까?

첫째, 너는 힘써 대장부가 되라는 것입니다.

다윗이 마지막으로 유언처럼 아들 솔로몬에게 명령을 합니다. '**너는 힘써 대장부가 되라**'는 것입니다. 여기서 대장부는 히브리어의 '레이쉬'인데, 그 뜻은 '강한 남자'라는 뜻입니다. 다윗이 솔로몬에게 유언하기를 '강하고 담대한 남자가 되라'는 것입니다. 솔로몬은 여러 아들들 중에서 유약한 아들이었습니다. 후계자로 세움을 받은 솔로몬이 유약하고, 나이도 어리고, 아직 왕위가 견고하게 세워지지 않은 상태인지라 다윗의 마음이 놓이지 않았던 것입니다. 그래서 다윗이 유언처럼 명령하기를 '너는 힘써 대장부가 되라'고 하였던 것입니다. 소심하지 말고 두려워하지 말며 강하고 담대한 사람이 되라는 것입니다.

다윗이 솔로몬에게 했던 말은 하나님께서 여호수아에게 내리셨던 명령과도 같습니다. 모세가 죽고 난 이후에 하나님께서 여호수아에게 말씀하셨습니다. **'강하고 담대 하라.' '두려워하지 말며 놀라지 말라.' '네가 어디로 가든지 네 하나님이 너와 함께 할 것이라'**고 하였습니다. 그러므로 우리는 강하고 담대해야 합니다. 두려워하지 말며 놀라지 말아야 합니다. 하나님이 우리와 함께 하심을 믿어야 합니다. 하나님이 함께 하는 사람은 어디를 가든지 무엇을 하든지 형통하게 되는 것입니다.

둘째, 여호와의 명령을 지키라는 것입니다.

임종을 앞둔 다윗이 솔로몬에게 유언을 하는데 **'여호와의 명령을 지키라'**고 하였습니다. 네가 형통하기를 원한다면 여호와의 명령을 지키라는 것입니다. 하나님의 말씀대로 살면 복을 주신다는 것입니다. 왕의 직임이라는 것은 자기 맘대로 하는 직임이 아닙니다. 왕의 직임은 하나님의 뜻을 그대로 수행하는 것입니다. 왕의 직임은 하나님께서 잠시 맡겨 주신 하나님의 대리통치자일 뿐입니다. 따라서 왕은 성실하게 자기에게 주어진 직무를 감당해야 될 사명이 있습니다. 성경책을 항상 옆에 두고 말씀을 마음에 품고 백성들을 바르게 통치해야 될 사명이 있습니다.

신명기 17장에 보면 왕이 어떻게 해야 형통할 수 있는가를 가르쳐주고 있습니다. **"그가 왕 위에 오르거든 이 율법서의 등사본을 레위 사람 제사장 앞에서 책에 기록하여 평생에 자기 옆에 두고 읽어 그의 하나님 여호와 경외하기를 배우며 이 율법의 모든 말과 이 규례를 지켜 행할 것이라"**(18-19절). 성도가 말씀대로 살면 복을 받게 됩니다. 복을 받는 비결은 멀리 있는 것이 아닙니다. 바로 하나님의 말씀대로 순종할 때 복을 받습니다.

셋째, 네가 형통할 것이라는 것입니다.

하나님의 명령, 즉 모세의 율법을 다 지켜서 그 길로 행하면 네가 무엇을 하든지, 어디로 가든지 형통할 것이라고 하였습니다. 따라서 하나님께서 말씀하신 율법을 기록한대로 지켜 행하라는 것입니다. 형통하기를 원하십니까? 그렇다면 하나님의 말씀대로 백퍼센트 순종해 보십시오! 말씀에 순종하는 자에게 형통의 복이 주어질 것입니다. 그런데 오늘날 많은 그리스도인들이 말씀을 선별하여 순종을 합니다. 손해를 보고 불이익을 당할 것 같으면 순종하지 않습니다. 적당한 선에서 순종합니다. 거리를 두고 순종합니다. 그러니까 하나님도 적당한 선에서 복을 주시는 것입니다. 심는 대로 거두게 되는 것입니다.

다윗은 죽음을 앞두고 사랑하는 아들 솔로몬에게 명령을 합니다. 네 하나님 여호와의 명령을 지키라 그리하면 네가 무엇을 하든지 어디로 가든지 형통하게 될 것이라는 것입니다. 하나님의 말씀대로 순종하는 자에게 축복이 주어지게 된다는 것입니다. 말씀에 순종하는 민족은 복을 받습니다. 세계적으로 뛰어난 민족이 되게 해 주십니다. 말씀에 순종하는 가정은 형통하게 됩니다. 말씀에 순종하는 성도는 형통하게 됩니다. 그러므로 우리는 하나님의 말씀에 순종하는 삶을 살아야 합니다.

함께 나누기

1. 오늘 말씀 중에 가장 마음에 남는 말씀은 무엇입니까?

2. 그 말씀이 마음에 남는 이유가 무엇입니까?

3. 오늘의 말씀을 통하여 실천해야 될 사항은 무엇입니까?

한 주간의 기도제목

나	
가정	
교회	

제15과
행복한 사람

성경 : 신명기 33:29

찬송 : 94장, 384장

"이스라엘이여 너는 행복한 사람이로다 여호와의 구원을 너같이 얻은 백성이 누구냐 그는 너를 돕는 방패시요 네 영광의 칼이시로다 네 대적이 네게 복종하리니 네가 그들의 높은 곳을 밟으리로다"(29절)

우리가 이 세상을 살아가면서 꼭 만나야 할 사람이 있습니다. 그러나 만나지 말아야 할 사람도 있습니다. 어떤 사람은 없어서는 안 될 소중한 분도 있습니다. 그 소중한 분을 만난 사람은 행복한 사람입니다. 우리에게 진정한 행복을 주시는 분은 누구입니까?

첫째, 예수님은 행복을 주십니다.

예수님은 우리의 인생에 유익을 가져다주시며 축복의 삶으로 이끌어 주시는 분입니다. 그리고 우리에게 좋은 것을 주시는 분입니다. 예수님은 참된 행복을 주시기 위해 오셨습니다. 사람들은 행복을 꿈꾸며 그 행복을 찾기 위해 온갖 노력을 기울이며 살아갑니다. 아마 이 세상에는 불행하기 위해 태어난 사람은 한 사람도 없을 것입니다. 그렇다면 참된 행복은 어디에서 오는 것일까요?

최근에 유명세를 타던 작가 겸 방송인이었던 어떤 한분이 안타깝게 세상을 떠나고 말았습니다. 그녀는 좋은 대학을 졸업했습니다. 그리고 행복을 전하는 강사로서 유명한 스타강사가 되었습니다. KBS 명사강사가 되고, SBS의 행복 특강 강사가 되고, KBS의 아침마당에도 출연을 했습니다. 그리고 행복에 대한 많은 책들도 썼습니다. 그러나 그녀는 몸에 있는 질병을 이기지 못한 채 그만 부부동반자살로 인생을 조용히 마감하고 말았습니다. 결국 그 인생은 행복하지를 못했던 것입니다.

그렇게 행복을 전하던 사람이 왜 불행으로 끝나버리고 말았을까요? 행복은 이 세상이 줄 수 있는 것이 아니며 또한 사람이 만들어 낼 수 있는 것도 아니기 때문입니다. 돈을 많이 소유한다고 행복할까요? 권력을 쥐고 있다고 행복할까요? 많은 지식을 소유하고 있다고 행복할까요? 건강하다고 행복할까요? 자녀가 성공했다고 행복할까요? 그런 것들은 일시적인 행복을 가져다 줄 수는 있으나 영원한 행복을 가져다주지는 못합니다. 솔로몬은 이 세상의 부귀영화를 다 누려보았습니다. 그렇지만 이 세상의 것은 헛되고 헛되다고 고백하고 있습니다. 왜냐하면 참된 행복은 주님으로부터 오는 것이기 때문입니다.

둘째, 예수님은 구원을 주십니다.

우리에게 참된 행복을 주시는 예수님은 어떤 분입니까? 그분은 약 2,000년 전에 하늘 영광 보좌를 버리시고 이 세상에 오셨습니다. 그리고 약 33년의 생애를 사시다가 우리 인간의 죄를 짊어지시고 십자가에 죽으셨으며 삼일 만에 다시 살아나셨습니다. 그리고 많은 사람들이 지켜보는 가운데서 영광의 형체를 입으시고 하늘로 승천하셨으며, 또한 다시 오실 것을 약속하셨습니다.

요한복음 3장 16절에, 누구든지 예수님을 믿으면 구원을 받는다고 말씀하고 있습니다. "하나님이 세상을 이처럼 사랑하사 독생자를 주셨으니 이는 그를 믿는 자마다 멸망하지 않고 영생을 얻게 하려 하심이라." 요한복음 1장 12절에는 예수님을 영접하는 자에게는 하나님의 자녀가 되는 권세를 주신다고 말씀하십니다. "영접하는 자 곧 그 이름을 믿는 자들에게는 하나님의 자녀가 되는 권세를 주셨으니." 요한계시록 3장 20절에는 죄인 된 우리가 마음의 문을 열면 주님께서 우리의 마음의 왕좌에 좌정하시겠다고 말씀하십니다. "볼지어다 내가 문밖에 서서 두드리노니 누구든지 내 음성을 듣고 문을 열면 내가 그에게로 들어가 그와 더불어 먹고 그는 나로 더불어 먹으리라."

참된 행복은 예수님을 만날 때 주어집니다. 이 행복은 이 땅에서 뿐만 아니라 영원까지 이어지게 되는 것입니다. 예수님을 믿으면 구원을 받게 되며 또한 천국을 소유하게 됩니다. 그러므로 우리는 예수님을 마음에 구주로 영접해야 합니다. 예수님을 내 인생의 주인으로 삼아야 합니다. 그럴 때 참된 행복이 주어질 뿐만 아니라 영원한 구원을 누리게 되는 것입니다.

함께 나누기

1. 오늘 말씀 중에 가장 마음에 남는 말씀은 무엇입니까?

2. 그 말씀이 마음에 남는 이유가 무엇입니까?

3. 오늘의 말씀을 통하여 실천해야 될 사항은 무엇입니까?

한 주간의 기도제목

나	
가정	
교회	

제16과
아버지의 마음을 가지라

성경 : 누가복음 15:11~24

찬송 : 277장, 278장

"또 이르시되 어떤 사람에게 두 아들이 있는데 · 그 둘째가 아버지에게 말하되 아버지여 재산 중에서 내게 돌아올 분깃을 내게 주소서 하는지라 아버지가 그 살림을 각각 나누어 주었더니"(11-12절)

사람마다 마음의 씀씀이가 다릅니다. 어떤 사람은 바다와 같이 넓고 포용적인 마음을 가진 사람이 있습니다. 손양원 목사님은 자기 아들을 죽인 원수를 양자로 삼을 만큼 넓은 가슴을 지닌 분이셨습니다. 누가복음 15장에 나오는 아버지의 마음을 보여주고 있습니다. 하나님 아버지는 어떤 마음을 가지고 계십니까?

첫째는, 긍휼히 여기는 마음입니다.

긍휼히 여기는 마음은 불쌍히 여기는 마음(compassion)입니다. 출애굽기에 보면 바로 왕이 히브리 여인들이 낳은 사내아이들을 모조리 죽이라고 명령을 내립니다. 그때 어떤 한 부모가 갓난아이를 몰래 숨겨 키우다가 결국 갈대상자에 넣어서 나일강에 띄었는데 마침 바로의 공주가 그 갈대상자를 발견하고 건지게 됩니다. 그리고 그 상자를 열어보니까 백일쯤 된 어린아이가 울고 있는 것입니다. 그때 바로의 공주의 마음속에 불쌍히 여기는 마음이 들어서 그 아이를 데려다가 양자로 키우게 되었는데 그 아이가 바로 모세입니다. 바로의 공주가 불쌍히 여기는 마음으로 구원해 준 것입니다.

예수님은 목자 없는 양과 같이 고생하며 유리방황하는 무리들을 보시고 불쌍히 여기셨습니다. 그리고 병자들, 약한 자들을 고쳐주셨는데 그 동기는 긍휼히 여기는 마음이었습니다. 마태복음14장에는 오병이어의 사건이 나옵니다. 수많은 군중들이 빈들에서 배고픔을 느끼며 기진맥진 할 때에 예수님께서 오병이어의 기적을 베푸시고 배고픔을 해결해 주셨습니다. 그 배고픔을 해결해 주시는 예수님의 마음은 어떤 마음입니까? 긍휼히 여기는 마음입니다. 우리는 긍휼히 여기는 마음을 가져야 합니다.

둘째는, 사랑하는 마음입니다.

하나님은 자기의 사랑하는 독생자 예수님을 이 세상에 보내셔서 십자가에 죽게 하기까지 아픔을 참으시고 사랑을 베푸십니다. 어떤 사람은 자기 육신의 아버지의 경험을 통해서 그 경험의 잣대로 하나님을 바라보게 됩니다. 어떤 아버지는 술만 마시면 아내를 구타하고 자녀를 공포의 도가니로 몰아넣는 아버지도 있습니다. 그래서 육신의 아버지를 생각만 해도 두려움의 대상이 되는 사람도 있습니다. 그래서 하나님 아버지를 무서운 하나님으로 이해하게 됩니다. 왜냐하면 육신의 아버지의 상을 통해서 하늘에 계신 아버지의 상을 투영시키기 때문입니다.

우리 하나님 아버지의 마음은 사랑으로 가득 차 있습니다. **요한1서 4절**에 보면, **"하나님은 사랑이시라"**고 했습니다. 하나님은 사랑덩어리이시며 구성요소 자체가 사랑으로 되어있습니다. 그래서 말씀하시는 것이 사랑이시며 행동하시는 것이 다 사랑입니다. 하나님의 사랑은 온 세상을 뒤덮고도 남을 만한 사랑입니다. 따라서 우리가 어디서든지 하나님 아버지의 사랑의 숨결을 들을 수 있고, 하나님의 따뜻한 손길을 느낄 수 있습니다. 하나님의 사랑은 감당할 수 없는 사랑입니다. 하나님의 사랑은 얼마나 위력이 큰지 사람들의 마음을 녹이고 변화시킬 만한 큰 위력을 가지고 있습니다.

셋째는, 열정적인 마음입니다.

한 마리의 잃어버린 양을 찾는 데는 열정이 있고, 한 드라크마를 찾는 데는 헌신이 있고, 한 생명을 찾는 데는 열정과 헌신이 있습니다. 오늘 성경본문에는 어느 가출소년의 이야기가 나옵니다. 어떤 사람에게 두 아들이 있었는데 그 둘째 아들이 자기에게 돌아올 분깃을 달라고 하여 먼 곳으로 떠나 버렸습니다. 그리고 허랑 방탕하여 모든 재산을 다 탕진하고 굶어 죽게 되었는데 아버지를 생각하고 회개하며 아버지의 품으로 돌아오게 됩니다. 그때 아버지는 둘째 아들을 말없이 끌어안고 맞아 줍니다. 그리고 그 아들의 지위를 회복시켜 주며 최상의 대우를 해 줍니다. 제일 좋은 옷을 입히고 손에 가락지를 끼우고 발에 신을 신기고 살진 송아지를 잡아서 환대해 줍니다.

이렇게 죄인 한사람이 돌아올 때 아버지가 기뻐하는 것처럼 우리 하나님도 기뻐하십니다. 우리 신분을 하나님의 자녀로 상승시켜 주시고 천국에서 우리를 기쁨으로 맞아 주십니다. 이것이 하나님 아버지의 마음입니다. 하나님의 사랑은 온 천하를 품고 우주를 품을 수 있는 사랑입니다. 하나님 아버지의 마음은 한 영혼을 끝까지 포기하지 않으시고 찾으시는 열정을 가진 분이십니다. 그러므로 우리는 한 영혼을 결코 포기하지 않으시는 아버지의 긍휼과 사랑과 열정의 마음을 가져야 합니다.

함께 나누기

1. 오늘 말씀 중에 가장 마음에 남는 말씀은 무엇입니까?

2. 그 말씀이 마음에 남는 이유가 무엇입니까?

3. 오늘의 말씀을 통하여 실천해야 될 사항은 무엇입니까?

한 주간의 기도제목

나	
가정	
교회	

제17과
실천하는 신앙

성경 : 마태복음 7:15~23

찬송 : 351장, 204장

"이러므로 그들의 열매로 그들을 알리라·나더러 주여 주여 하는 자마다 다 천국에 들어갈 것이 아니요 다만 하늘에 계신 내 아버지의 뜻대로 행하는 자라야 들어가리라"(20-21절)

오늘 본문은 예수님께서 산상수훈에서 제자들에게 가르치신 결론 부분에 해당되는 말씀입니다. 예수님은 주옥같은 말씀을 교훈하시고 나서 결론 부분으로서 실천하는 신앙을 강조하십니다.

그렇다면 왜 우리가 실천하는 삶을 살지 못할까요? 첫째는 무지 때문입니다. 몰라서 실천하지 못하는 것도 죄가 됩니다. 둘째는 의지가 약하기 때문입니다. 알지만 실천을 못하는 것입니다. 그래서 우리는 성령님의 도우심을 구해야 합니다. 셋째는 알면서도 무시를 해버리는 경우가 있습니다. 그러므로 우리는 실천하는 신앙을 가지고 살아야 합니다.

첫째, 위선을 멀리하는 신앙입니다.

예수님은 거짓선지자들을 삼가라고 말씀하셨습니다. 거짓선지자는 하나님으로부터 말씀을 위임받지 않은 자입니다. 거짓선지자들은 구약시대나 신약시대에도 있었으며 지금도 여전히 존재하고 있습니다. 그들은 예수님이 재림하실 때까지 존재하며 성도들을 미혹할 것입니다.

따라서 우리는 위선적인 신앙에 넘어가지 않도록 주의해야 합니다. 예수님은 그들을 '양의 옷을 입은 이리라'고 하였습니다. 그러므로 우리는 거짓선지자들을 잘 분별하며 그들의 가르침을 조심해야 합니다. 우리가 그들의 미혹에 넘어가지 않기 위해서는 **첫째는** 영적인 분별력을 가져야 합니다. **둘째는** 진리의 말씀에 굳게 서야 합니다. **셋째는** 영적으로 깨어 있어야 합니다. 그래서 위선적인 신앙을 멀리해야 합니다.

둘째, 아름다운 열매를 맺는 신앙입니다.

예수님은 '열매로 그들을 알지니' 그랬습니다. 열매를 보면 모든 것이 드러나게 되어 있습니다. 열매는 거짓말을 하지 않습니다. 열매는 진실을 그대로 보여 줍니다. 따라서 우리는 열매 맺는 신앙을 가져야 합니다. 열매 맺는 신앙을 가진 성도들을 보면 거기에는 나름대로 이유가 있습니다.

첫째는 말씀을 사모하는 마음이 있습니다. 베뢰아 사람들은 바울이 전한 말씀을 간절함과 사모함과 순수함과 겸손한 마음으로 받았습니다. **둘째는** 쉬지 않는 기도가 있습니다. 항상 기도로 주님 앞에 나아가는 신앙이 있습니다. **셋째는** 겸손한 섬김과 헌신이 있습니다. 교회를 섬기고 지체들을 섬깁니다. **넷째는** 순종하는 믿음이 있습니다. 주님 앞에서 순종하는 겸손한 자세가 있습니다. 이런 자세를 가지고 있는 사람은 아름다운 열매를 맺게 됩니다.

셋째, 아버지의 뜻을 따르는 신앙입니다.

천국은 예수님을 믿지 않으면서 입술로만 '주여'를 고백하는 자들이 들어가는 곳이 아닙니다. 하나님의 자녀인 것처럼 위장한 자들도 들어갈 수 없습니다. 이런 사람들은 좋은 열매를 맺지 못하는 사람들입니다. 좋은 나무는 좋은 열매를 맺습니다. 그러나 좋지 않은 나무는 나쁜 열매를 맺습니다. 천국은 아버지의 뜻대로 행하는 자가 들어갑니다. 그렇다면 아버지의 뜻을 행한다는 것이 무엇일까요? **첫째는** 참된 신앙고백이 있는 것을 의미합니다. **둘째는** 말씀에 순종하는 것을 의미합니다. 말씀을 듣고 순종하는 자는 마치 반석 위에 집을 지은 자처럼 견고해서 흔들리지 않게 됩니다. 따라서 그리스도의 참 제자는 아버지의 뜻을 행하는 참된 신앙을 가진 사람입니다.

야고보 기자는 실천적인 신앙에 대해서 잘 가르쳐 주고 있습니다. 행함이 없는 믿음은 죽은 믿음이라고 하였습니다. 믿음과 행함은 함께 있어야 하며 반드시 행함이 따라야 합니다. 믿음과 행함이 함께 할 때 믿음이 온전하게 되는 것입니다. 성경에 보면 아브라함은 온전한 신앙을 가지고 있었습니다. 독자 이삭을 번제물로 바치라고 했을 때 지체하지 않고 순종하였습니다. 믿음을 실제적인 행동으로 옮긴 것입니다. 그래서 그는 믿음의 조상이라는 칭호를 얻게 되었습니다. 예수님은 산상보훈의 결론 부분에서 실천하는 신앙을 강조하고 있습니다. 그러므로 우리는 실천하는 신앙을 가져야 합니다.

함께 나누기

1. 오늘 말씀 중에 가장 마음에 남는 말씀은 무엇입니까?

2. 그 말씀이 마음에 남는 이유가 무엇입니까?

3. 오늘의 말씀을 통하여 실천해야 될 사항은 무엇입니까?

한 주간의 기도제목

나	
가정	
교회	

5월
가정에서의 신앙생활

- 아이들을 축복하신 예수님
- 행복한 가정
- 복된 가정을 세웁시다
- 행복한 사람

제18과
아이들을 축복하신 예수님

성경 : 마가복음 10:13~16

찬송 : 563장, 564장

"그 어린아이들을 안고 그들 위에 안수하시고 축복하시니라"(16절)

소파 방정환 선생님은 어린이들이 가정과 사회와 나라의 장래의 주인공임을 부르짖으면서 어린이날을 지킬 것을 주장했습니다. 그래서 5월 5일을 어린이 날로 정하게 되었고 1923년 일제강점기부터 어린이날을 지키게 되었습니다. 그리고 1948년 우리나라 정부가 수립된 이후 처음으로 공휴일로 지키게 되었습니다.

오늘 본문에 보면 부모들이 자기 아이들을 안고 축복해 주시기를 원하는 마음으로 예수님께 나오는 모습을 보게 됩니다. 그런데 제자들이 꾸짖었습니다. 그때 예수님께서 화를 내시면서 어린아이들이 내게 나아오는 것을 용납하고 금하지 말라고 하시면서 하나님의 나라가 이런 자의 것이라고 말씀하십니다. 그리고 누구든지 하나님의 나라를 어린아이와 같이 받들지 않는 자는 결단코 들어가지 못할 것이라고 말씀하십니다. 어린아이의 특징은 천진난만하고, 순수하고, 의혹이 없고, 겸손하고, 신뢰하는 태도를 가지고 있는 것입니다. 천국은 이런 자들이 들어간다는 것입니다.

첫째, 어린아이들을 품에 안아 주셨습니다.

품에 안아 주는 것은 용납과 수용감을 느끼게 해주는 것입니다. 존 드레셔가 쓴 "어린아이가 꼭 필요로 하는 일곱 가지"라는 책에 보면 이런 내용들이 나옵니다. ① 꾸지람 속에서 자란 아이는 비난하는 것을 배우고, ② 미움을 받고 자란 아이는 미움을 배우며 자라고, ③ 매를 맞으며 자란 아이는 폭력을 배우고, ④ 놀림을 받고 자란 아이는 수줍음을 타게 되고, ⑤ 사랑을 받으며 자란 아이는 사랑하는 법을 배우고, ⑥ 용서를 받으며 자란 아이는 남을 용서하는 법을 배우고, ⑦ 관용 속에서 자란 아이는 참을성을 배우고, ⑧ 격려를 받고 자란 아이는 자신감을 가지고 자란다고 하였습니다.

예수님은 어린 아이들을 품에 안아 주십니다. 품에 안으시는 것은 사랑과 용납과 수용감을 느끼게 해주는 것입니다. 우리는 자녀를 그리스도의 사랑으로 끌어안아 주어야 합니다. 어렸을 때부터 용납과 수용감을 가지고 자라는 것은 정서적으로 안정되게 자라게 하는 중요한 요인이 됩니다.

둘째, 어린아이들을 안수하며 축복해 주셨습니다.

예수님께서 손을 얹으시고 안수하시며 축복해 주십니다. 능력의 손으로 안수해 주신 것입니다. 예수님의 안수는 특별한 안수였습니다. 우리 사람의 손에는 1,500만개의 감각기능을 가지고 있다고 합니다. 하나님께서 만드신 손으로 안수를 할 때 능력이 흘러들어가는 것입니다. 우리의 언어로 축복하며 기도할 때 우리가 입술로 고백한 말대로 이루어집니다. 민수기 14장 28절에 보면 **"너희 말이 내 귀에 들린 대로 내가 너희에게 행하리니"** 라는 말씀이 나옵니다. 너희 말이 내 귀에 들린 대로 내가 너희에게 행할 것이라고 말씀하신 것입니다.

내 자신이 어떤 말을 하느냐가 중요합니다. 부정적인 말을 하느냐? 긍정적인 말을 하느냐? 창조적인 말을 하느냐? 축복의 말을 하느냐? 저주의 말을 하느냐? 내가 말하는 대로 이루어지기 때문입니다. 축복하면 축복한대로 이루어집니다. 저주하면 저주한대로 이루어집니다. 부정적인 말, 창조적인 말, 긍정적인 말, 믿음의 말은 우리가 말한 대로 이루어집니다. 왜냐하면 하나님께서 우리가 하는 말을 다 듣고 실행하시기 때문입니다. 이스라엘 백성들은 가나안의 정탐보고를 부정적으로 한 것 때문에 40년 동안 광야에서 맴돌다가 약속의 땅을 기업으로 받지 못하고 죽었습니다. 그러므로 우리는 긍정적인 언어, 창조적인 언어, 축복의 언어, 생명의 언어로 자녀들을 축복해 주어야 합니다.

셋째, 부모의 권위로 자녀를 축복해 주어야 합니다.

성경에 보면 야곱이 열두 아들들을 축복해 줍니다. 각자의 행위에 따라 축복도 하고 저주를 하기도 합니다. 그런데 그대로 임하게 됩니다. 노아가 셈과 함과 야벳의 행위에 따라서 축복도 하고 저주도 하였는데 나중에 그대로 임하게 되었습니다. 이삭이 둘째 아들 야곱에게 장자권의 축복을 해 주었는데 그 축복이 그대로 전수가 되었습니다. 위의 권위자가 축복해 준 대로 임하게 된 것입니다.

그러므로 부모는 영적인 권위를 가지고 자녀의 머리에 손을 얹고 매일 축복해 주어야 합니다. 믿음과 지혜와 장래와 건강과 관계를 축복해 주는 것입니다. 그러면 축복한 대로 이루어지게 될 것입니다. 어린이들은 다음세대의 주인공들입니다. 예수님의 마음을 품고 아이들을 안고 축복해 줄 때 훌륭한 다음세대들이 세워질 것입니다.

함께 나누기

1. 오늘 말씀 중에 가장 마음에 남는 말씀은 무엇입니까?

   _____
   _____
   _____

2. 그 말씀이 마음에 남는 이유가 무엇입니까?

   _____
   _____
   _____

3. 오늘의 말씀을 통하여 실천해야 될 사항은 무엇입니까?

   _____
   _____
   _____

한 주간의 기도제목

나	
가정	
교회	

제19과
행복한 가정

성경 : 에베소서 6:1~4

찬송 : 559장, 579장

"자녀들아 주 안에서 너희 부모에게 순종하라 이것이 옳으니라 · 네 아버지와 어머니를 공경하라 이것은 약속이 있는 첫 계명이니 · 이로써 네가 잘 되고 땅에서 장수하리라 · 또 아비들아 너희 자녀를 노엽게 하지 말고 오직 주의 교양과 훈계로 양육하라"(1-4절)

가정은 하나님께서 최초로 만들어주신 축복의 공동체입니다. 하나님께서 가정이란 제도를 만들어주셨습니다. 부모는 하나님께서 자녀에게 허락해 주신 최대의 선물입니다. 그리고 자녀는 부모에게 허락해 주신 최대의 기업입니다. 하나님은 모든 가정이 행복하기를 원하십니다. 어떤 가정이 행복한 가정일까요? 바울은 행복한 가정의 원리를 가르쳐 줍니다.

첫째, 아내가 남편에게 복종하는 가정입니다.

아내들은 남편에게 복종하라고 말씀하고 있습니다. 아내가 남편에게 복종하는 원리에는 창조의 원리가 들어 있고, 축복의 원리가 들어 있고, 행복의 원리가 들어 있습니다. 그리고 여기에는 놀라운 비밀이 들어 있습니다. 남편이 아내의 머리가 된다는 것입니다. 남편이 아내의 머리가 된다는 것은 그리스도께서 교회의 머리됨과 같은 것입니다. 그러므로 교회가 그리스도께 복종하는 것처럼 아내들도 범사에 남편에게 복종하라는 것입니다. 아내가 남편에게 복종하는 데는 교회론의 비밀이 들어 있습니다. 남편과 아내와의 관계는 교회와 그리스도와의 관계를 보여주고 있습니다. 그러므로 아내는 남편에게 복종해야 합니다. 그럴 때 가정의 질서가 유지될 뿐만 아니라 행복한 가정이 이루어질 수 있습니다.

둘째, 남편이 아내를 사랑하는 가정입니다.

바울은 남편들에게 **"남편들아 아내 사랑하기를 그리스도께서 교회를 사랑하시고 그 교회를 위하여 자신을 주심 같이 하라"**고 교훈하고 있습니다. 남편은 아내를 사랑하라는 것입니다. 남편이 아내를 사랑하는 것에도 교회론의 비밀이 들어 있습니다. 남편은 그리스도께서 교회를 사랑하는 것처럼 사랑과 헌신과 희생적인 사랑을 하라는 것입니다. 그리스도께서 교회를 위해서 희생적인 사랑을 한 것처럼 희생적인 사랑을 하라는 것입니다. 그러므로 남편은 아내 사랑하기를 자기 몸처럼 사랑해야 합니다.

셋째, 부모가 자녀를 양육하는 가정입니다.

성경은 말씀하고 있습니다. **"또 아비들아 너희 자녀를 노엽게 하지 말고 오직 주의 교양과 훈계로 양육하라"**(4절). 부모는 자녀를 잘 양육해야 합니다. 양육을 하는데 영어를 잘하고, 학교 성적을 잘 받게 하는 교육을 시켰다고 양육을 잘한 것이 아닙니다. 물론 자녀들이 사회에 잘 적응할 수 있도록 교육도 시켜야 합니다. 그러나 그 보다 더 중요한 것은 신앙교육과 인성교육이 이루어져야 합니다. 특별히 부모는 자녀들이 신앙적으로 잘 자랄 수 있도록 성경말씀과 큐티(Q.T)를 잘 지도해 주어야 합니다.

부모는 하나님의 대리자입니다. 축복권의 대리자, 말씀권의 대리자, 훈육권의 대리자, 신앙전수권의 대리자입니다. 모세는 이스라엘 백성들이 가나안 땅에 들어가서 다음세대까지 신앙이 계승되도록 사명감을 가지고 말씀을 가르쳤습니다(신 6:7). 훌륭한 자녀들의 배후에는 반드시 훌륭한 부모님이 있습니다.

위대한 지도자 모세의 배후에는 요게벳이 있었습니다. 사무엘의 배후에는 한나가 있었습니다. 어거스틴의 배후에는 눈물로 기도했던 모니카가 있었습니다. 세계적인 부자였던 록펠러의 배후에는 기도하는 어머니 엘리자가 있었습니다. 눈물의 기도는 자녀를 세우는 기적을 낳습니다. 그러므로 행복한 가정은 부모가 자녀를 위해 기도하며 말씀으로 잘 양육하는 가정입니다.

넷째, 자녀가 부모를 공경하는 가정입니다.

행복한 가정은 자녀가 부모를 공경하는 가정입니다. **"자녀들아 너희 부모에게 순종하라."** 그리고 **"네 아버지와 어머니를 공경하라"**고 말씀하고 있습니다. 부모를 공경하는 것은 약속 있는 첫 계명이라고 하였습니다. 자녀가 부모를 잘 공경하면 두 가지 복을 받습니다. 첫째는 자녀가 잘 됩니다. 둘째는 장수의 복을 누리게 됩니다. 잘 되기를 원하십니까? 장수하기를 원하십니까?

그렇다면 부모님을 공경하여 잘 받들어 모셔야 합니다. 부모님을 공경하면 잘 될 뿐만 아니라 장수의 복을 누리게 됩니다. 행복한 가정이 되는 열쇠는 모든 가족이 예수님을 믿고 영적으로 하나가 되어서 말씀에 순종하는 가정입니다. 그리고 하늘나라 소망을 가지고 살아가는 가정입니다.

함께 나누기

1. 오늘 말씀 중에 가장 마음에 남는 말씀은 무엇입니까?

2. 그 말씀이 마음에 남는 이유가 무엇입니까?

3. 오늘의 말씀을 통하여 실천해야 될 사항은 무엇입니까?

한 주간의 기도제목

나	
가정	
교회	

제20과
복된 가정을 세웁시다

성경 : 시편 112:1~3

찬송 : 220장, 559장

"할렐루야 여호와를 경외하며 그의 계명을 크게 즐거워하는 자는 복이 있도다·그의 후손이 땅에서 강성함이여 정직한 자들의 후손에게 복이 있으리로다·부와 재물이 그의 집에 있음이여 그의 공의가 영구히 서 있으리로다"(1-3절)

다음세대가 세워지기 위해서는 우리의 가정이 잘 세워져야 합니다. 가정이 건강하게 세워지면 가정이 행복해질 뿐만 아니라 우리가 속한 교회 공동체도 건강해질 것입니다. 그렇다면 가정이 잘 세워지기 위해서는 어떻게 해야 될까요?

첫째, 하나님을 경외하는 가정이 되어야 합니다.

하나님을 경외하는 기초가 잘 세워져야 합니다. 하나님을 경외하는 것은 우리 신앙의 가장 근간을 이루는 기초가 되는 것입니다. 하나님은 최초로 가정을 세워 주셨습니다. 가정이 곧 교회였고 교회가 곧 가정이었습니다. 가정이란 제도는 하나님께서 인류 최초로 만드신 축복의 제도입니다. 따라서 우리의 가정이 하나님을 경외하는 가정이 되어야 합니다.

하나님을 경외하는 개인이나, 가정, 교회, 국가는 복을 받습니다. 하나님은 자기를 경외하는 자에게 복을 주십니다. 하나님을 경외한다는 것은 어떤 대상에 대해서 공경하며 두려워하는 것을 의미합니다.

성경은 여호와를 경외하라고 말씀하고 있습니다. 그리고 여호와를 경외하는 것이 지혜의 근본이라고 말씀하고 있습니다. 모든 지혜의 원천은 하나님을 경외하는 데서부터 나옵니다. 그러므로 우리의 가정이 하나님을 경외하는 가정이 되어야 합니다.

둘째, 말씀을 즐거워하는 가정이 되어야 합니다.

하나님의 말씀을 즐거워하는 가정이 복된 가정입니다. 먹는 시간은 즐거운 시간입니다. 성도가 하나님의 말씀을 풍성히 먹으면 행복해 집니다. 교회에 먹을 것이 풍성하면 사람들이 모입니다. 사람들의 입이 즐거우면 귀가 열립니다. 귀가 열리면 마음이 열립니다. 그래서 식탁공동체가 중요합니다. 사도행전 교회가 부흥한 이유 가운데 하나는 풍성한 식탁공동체가 있었기 때문입니다.

함께 먹고, 함께 나누고, 함께 성경공부하고, 함께 기도하고, 함께 예배하고, 함께 공동생활을 한 것입니다. 그래서 한 가족을 이루고 힘 있게 성장하였습니다. 교회는 즐거움이 있어야 합니다. 교회가 즐거우면 가정도 즐거워지고 행복해 집니다. 하나님의 계명을 묵상할 때 즐거움이 있습니다. 우리는 하나님의 말씀을 즐거워하는 삶을 살아야 합니다. 그리고 자녀들에게도 하나님의 말씀을 묵상하며 즐거워하는 법을 가르쳐 주어야 합니다. 그래서 다음세대가 일어나도록 해야 합니다.

그렇다면 여호와를 경외하는 가정은 어떤 복을 받게 될까요?

첫째, 후손이 잘 되는 복을 받습니다.

2절에, "**그의 후손이 땅에서 강성함이여**"라고 말씀하고 있습니다. 후손이 땅에서 강성한 복을 받게 됩니다. 후손들이 대대로 잘 되는 것입니다. **출애굽기 20장 6절**에서는 "**나를 사랑하고 내 계명을 지키는 자에게는 천대까지 은혜를 베푸느니라**"고 말씀합니다. 그러므로 우리는 하나님을 사랑하며 하나님의 말씀을 지켜야 합니다. 그리고 하나님을 경외해야 합니다. 그러면 하나님께서 자손대대로 천대까지 은혜를 베풀어주시는 복을 주실 것입니다.

둘째, 부와 재물을 얻는 복을 받습니다.

하나님을 경외하는 가정은 부와 재물이 넘치는 복을 받습니다. 하나님은 공의를 행하는 자에게 부와 재물을 주십니다. 하나님께서 아브라함에게 복을 주셨습니다. 하나님께서 어느 날 아브라함에게 갈대아 우르를 떠나라고 말씀하셨을 때 아브라함은 하나님의 말씀에 순종하고 떠났습니다. 아브라함의 마음속에 하나님을 경외하는 마음이 있었기 때문입니다. 아브라함이 하나님을 경외하는 마음을 가지고 떠났을 때 큰 복을 받았습니다. 민족을 번성하게 해주시고, 부와 재물과 명성까지도 얻게 하는 놀라운 은혜를 부어주셨습니다. 이와 같이 하나님은 자기를 경외하는 자에게 후손이 강성해질 뿐만 아니라 부와 재물까지도 허락해 주십니다.

그러므로 우리는 여호와를 경외하는 가정이 되도록 만들어야 합니다. 온 가족이 다 함께 예수를 믿고 연합된 가정을 이루어야 합니다. 그리고 하나님의 말씀을 항상 즐거워하는 가정이 되게 만드는 것입니다.

함께 나누기

1. 오늘 말씀 중에 가장 마음에 남는 말씀은 무엇입니까?

2. 그 말씀이 마음에 남는 이유가 무엇입니까?

3. 오늘의 말씀을 통하여 실천해야 될 사항은 무엇입니까?

한 주간의 기도제목

나	
가정	
교회	

제21과
행복한 사람

성경 : 시편 1:1~3

찬송 : 427장, 384장

"복 있는 사람은 악인들의 꾀를 따르지 아니하며 죄인들의 길에 서지 아니하며 오만한 자의 자리에 앉지 아니하고 · 오직 여호와의 율법을 즐거워하여 그의 율법을 주야로 묵상하는 자로다"(1-2절)

이 지구상에 사람들은 행복을 갈망하며 살아갑니다. 오늘 시편에서 시편기자는 어떤 사람이 행복한 사람인가를 잘 가르쳐 주고 있습니다. 나는 지금 행복합니까? 그 행복은 어디에 근거하고 있습니까? 돈이 많으면 행복할까요? 힘을 가지고 있으면 행복할까요? 환경적인 부족함이 없으면 행복할까요? 성경에서 말씀하고 있는 진정한 행복은 무엇일까요?

첫째, 말씀에 순종하는 사람입니다.

시편기자는 다음과 같은 세 가지를 조심하는 사람이 행복한 사람이라고 가르쳐 주고 있습니다. 첫째는 악인들의 음모에 가담하지 않는 사람입니다. 둘째는 죄인들의 길에 서지 않는 사람입니다. 여기서 죄인들은 삶의 목표와 방법이 잘못되어 있는 사람을 가리킵니다. 셋째는 오만한 자리에 앉지 않는 사람입니다. 오만한 사람은 하나님을 모독하는 사람을 가리킵니다. 따라서 행복한 사람은 창조주 하나님을 알고 겸손한 마음으로 순종하며 살아가는 사람을 가리킵니다.

1절에는 세 가지의 동사가 죄를 짓는 순서대로 나옵니다. **첫째는** 죄를 따르게(walk) 됩니다. **둘째는** 죄를 짓는 자리에 서게(stand) 됩니다. **셋째는** 죄의 자리에 눌러 앉게(sit) 됩니다. 따라서 죄는 절대로 기웃거려서는 안 됩니다. 기웃거리다가 멈추게 되고 눌러 앉게 됩니다. 마귀는 절대로 기회를 놓치지 않습니다. 죄를 기웃거리다가 결국은 유혹에 빠지고 마는 것입니다. 그래서 죄는 무조건 멀리해야 됩니다. 바울은 악에는 어린아이가 되고 지혜에는 장성한 사람이 되라고 하였습니다. 행복한 사람은 말씀에 순종하는 사람입니다.

둘째, 말씀을 즐거워하는 사람입니다.

어떤 사람이 행복한 사람입니까? 행복한 사람은 말씀으로 인하여 즐거워하는 사람입니다. **시편 19장 10절에는 "금 곧 정금보다 사모할 것이며 꿀과 송이꿀보다 더 달도다"**라고 말씀합니다. 하나님의 말씀이 얼마나 단지 마치 꿀과 송이꿀보다 더 달다고 하였습니다. 말씀의 맛을 아는 사람은 말씀에 대한 갈급함을 가지고 읽고 또 읽고 연구합니다. 그리고 말씀으로 인하여 마음속에 기쁨이 넘치는 삶을 살게 됩니다. 바울은 항상 기뻐하라고 하였습니다. 다시 말하노니 기뻐하라고 하였습니다.

우리는 항상 기뻐하는 삶을 살아야 합니다. 예수님 때문에 기뻐하고, 성령님과 동행하는 것 때문에 기뻐하고, 구원을 주신 것 때문에 기뻐하는 것입니다. 좋은 일이 있을 때도 기뻐하고, 궂은 일이 있을 때도 기뻐하고, 어떤 상황과 환경 속에서도 기뻐하는 삶을 사는 것입니다. 교회에서 신앙생활 하는 것이 즐겁고, 주일날 예배드리는 것이 즐겁고, 봉사하는 것이 즐겁고, 기도생활 하는 것이 즐겁고, 전도하는 것이 즐겁고, 가정에 들어가는 것이 즐겁고, 직장에 가는 것이 즐겁고 항상 기뻐하는 삶을 살아가는 것입니다.

셋째, 말씀을 묵상하는 사람입니다.

하나님의 말씀을 묵상하는데 주야로 묵상하는 것입니다. 말씀을 내 생각 속에 가득 채우고 24시간 머물게 하는 것입니다. 행복한 사람은 말씀을 묵상하고 즐거워하면서 묵상하고 또 묵상합니다. 영양이나 기린, 사슴, 낙타, 염소 등과 같은 동물들은 되새김질 하며 반추작용을 하는 동물들입니다. 되새김질 하는 소는 위가 무려 네 개나 되는데 그 기능들이 각각 다릅니다.

첫 번째 위는 뜯어먹은 풀을 저장하는 역할을 합니다. 두 번째와 세 번째 위는 먹은 음식물을 발효를 시킵니다. 네 번째 위는 최종적으로 부수는 역할을 한다고 합니다. 소화가 잘되도록 잘게 부수는 맷돌질 역할을 하는 것입니다. 그렇게 되새김질해서 정교하게 소화를 시켜 온몸으로 영양소를 보내는 것입니다. 그래서 건강한 소가 되는 것입니다. 되새김질 하는 동물이 반추작용을 하는 것처럼 행복한 사람은 여호와의 말씀을 즐거워하여 주야로 묵상하는 사람입니다.

이렇게 말씀에 순종하고, 즐거워하고, 주야로 묵상하는 사람에게 주어지는 결과가 무엇입니까? **첫째**는 잎사귀가 마르지 않으며, **둘째**는 철을 따라 열매를 맺게 됩니다. 우리의 영혼이 말씀의 생명수 강가에 뿌리를 깊이 내리고 있으면 인생의 가뭄이 오지 않습니다. 항상 푸르고 열매 맺는 인생을 살게 됩니다. 형통한 인생, 축복의 인생, 기적의 인생을 살아가게 됩니다. 그러므로 우리는 항상 말씀에 순종하며 즐거워하고 묵상하는 삶이 되어서 열매를 맺는 형통한 인생을 살아가야 합니다.

함께 나누기

1. 오늘 말씀 중에 가장 마음에 남는 말씀은 무엇입니까?

2. 그 말씀이 마음에 남는 이유가 무엇입니까?

3. 오늘의 말씀을 통하여 실천해야 될 사항은 무엇입니까?

한 주간의 기도제목

나	
가정	
교회	

6월
생명 있는 신앙생활

- 우는 자들과 함께 울라
- 생명의 떡
- 믿음의 사람들
- 믿음의 기도
- 나누는 사랑

제22과
우는 자들과 함께 울라

성경 : 로마서 12:15

찬송 : 218장, 438장

"즐거워하는 자들과 함께 즐거워하고 우는 자들과 함께 울라"(15절)

몇 해 전 일본에서는 초대형 지진과 함께 쓰나미로 인해서 수많은 사람들이 죽고 실종되었으며, 또한 이재민이 발생하는 등 상상을 초월하는 큰 피해를 입은 사건이 있었습니다. 설상가상으로 원전폭발로 인해 방사능이 방출되어서 엄청난 실의와 고통과 절망에 빠지기도 했습니다. 우리 주변에는 위로와 격려를 필요로 하는 이웃들이 있습니다. 어려움을 겪고 있는 이웃들을 위해 우리가 어떻게 해야 될까요?

첫째, 함께 울어 주어야 합니다.

로마서에서 사도 바울은 즐거워하는 자들과 함께 즐거워하고 우는 자들과 함께 울어 주라고 하였습니다. 즐거운 자리에서는 함께 즐거워 해 주는 것입니다. 슬픈 자리에서는 함께 슬퍼 해 주는 것입니다. 어떤 선교사님이 한번은 필리핀 산지 부족들이 살고 있는 깊은 마을로 선교여행을 간 적이 있습니다. 그 부족들의 풍습은 삼일 동안 꽹과리를 치며 춤을 추면서 음식과 함께 잔치를 하는 전통이 있었습니다. 그때 선교사도 그 부족들과 함께 음식을 먹으면서 춤을 추며 축하해 주었습니다. 그때 그 선교사님은 부족들과 하나가 된 것을 경험하게 되었다고 합니다. 기뻐하는 자들과 함께 기뻐해 준 것입니다. 그리고 우리는 우는 자들과 함께 울어 주어야 합니다.

둘째, 우는 자가 복이 있습니다.

지금 주린 자는 복이 있습니다. 왜냐하면 배부를 날이 올 것이기 때문입니다. 그리고 지금 우는 자가 복이 있습니다. 언젠가 웃을 날이 올 것이기 때문입니다. 이 말씀은 미래적이며 소망적인 말씀입니다. 비록 지금은 배고플지라도 언젠가는 배부를 날이 올 것이기 때문입니다. 지금은 눈물을 흘리지만 언젠가는 웃을 날이 올 것이기 때문입니다. 그래서 지금 우는 자가 복이 있다고 말씀하고 있습니다. 우리가 때로는 질병에 걸리기도 하며, 때로는 사업에 실패를 하기도 합니다. 때로는 여러 가지 우겨쌈을 당하는 것과 같은 고난을 당합니다.

그러나 우리 예수 믿는 사람들은 절망하지 않습니다. 그 이유는 미래의 꿈과 소망이 있기 때문이며 언젠가는 웃을 날이 올 것이기 때문입니다. 그리고 하나님이 우리와 함께 해 주시고 우리의 눈물을 닦아주실 날이 올 것이기 때문입니다. 시편기자는 눈물을 흘리며 씨를 뿌리는 자는 기쁨으로 거둔다고 하였습니다. 울며 씨를 뿌리러 나가는 자는 반드시 기쁨으로 그 곡식 단을 가지고 돌아올 것이라고 하였습니다. 눈물을 흘리며 씨를 뿌리러 나가는 농부는 결실기에 기쁨으로 곡식단을 가지고 돌아오게 될 것입니다. 예수님은 긍휼히 여기는 자가 복이 있다고 하였습니다. 긍휼히 여기는 자는 언젠가 긍휼히 여김을 받게 될 것입니다.

셋째, 하나님께 꾸어 드리는 것입니다.

잠언에 보면 이런 놀라운 말씀이 나옵니다. '가난한 자를 불쌍히 여기는 것은 여호와께 꾸어 드리는 것이라'고 말씀하고 있습니다(잠 19:17). 그리고 그의 선행을 갚아주신다고 말씀하고 있습니다. 선행을 베풀면 그것을 갚아 주시며 하나님이 보상을 해 주신다는 것입니다. 열왕기상 17장에 보면 엘리야와 사르밧 과부의 이야기가 나옵니다. 아합 왕 시대에 엘리야는 간절한 기도를 통하여 하늘에서 내리는 비를 멈춰버렸습니다. 그것도 삼년 육 개월 동안 멈추게 만들어버린 것입니다. 그것은 비를 내려주시는 분이 누구냐는 중요한 대답을 주시기 위한 것이었습니다.

그때 하나님은 그릿 시냇가에서 엘리야에게 먹을 것을 공급해 주신 후 다시 사르밧 과부에게로 보냅니다. 그리고 그 과부가 먹을 한 끼 분량의 떡을 만들어 달라고 해서 먹습니다. 그런데 놀라운 사실은 그 과부의 통에 가루와 기름병에 기름이 떨어지지 않는 것입니다. 가난한 과부가 배고픈 선지자에게 긍휼을 베풀었을 때 기적이 일어난 것입니다. 성경은 가난한 자를 긍휼히 여기는 자는 여호와께 꾸어 드리는 것이라고 하였습니다.

지금 우리 주변에는 눈물을 흘리며 고통당하는 이웃이 있습니다. 고통은 나누어 줄수록 줄어 듭니다. 무거운 짐은 서로 나누어질수록 가벼워집니다. 사랑은 나누어 줄수록 풍성해 지는 것입니다. 우리는 우는 자들과 함께 울어주어야 합니다.

함께 나누기

1. 오늘 말씀 중에 가장 마음에 남는 말씀은 무엇입니까?

   ....
   ....
   ....
   ....

2. 그 말씀이 마음에 남는 이유가 무엇입니까?

   ....
   ....
   ....
   ....

3. 오늘의 말씀을 통하여 실천해야 될 사항은 무엇입니까?

   ....
   ....
   ....
   ....

한 주간의 기도제목

나	
가정	
교회	

제23과
생명의 떡

성경 : 요한복음 6:31~35

찬송 : 198장, 200장

"하나님의 떡은 하늘에서 내려 세상에 생명을 주는 것이니라 · 예수께서 이르시되 나는 생명의 떡이니 내게 오는 자는 결코 주리지 아니할 터이요 나를 믿는 자는 영원히 목마르지 아니하리라"(33,35절)

사람은 육적인 양식도 필요하지만 영적인 양식도 필요합니다. 그리고 육적인 배부름도 필요하지만 영적인 배부름도 필요합니다. 예수님은 **"사람이 떡으로만 살 것이 아니요 하나님의 입에서 나오는 모든 말씀으로 살 것이라"**고 말씀하십니다. 사람은 하나님의 입에서 나오는 말씀을 먹어야 영적으로 살게 됩니다. 예수님은 생명의 떡입니다. 그 생명의 떡은 어떤 것입니까?

첫째, 생명의 떡을 먹어야 삽니다.

예수님은 생명의 떡입니다. 예수님은 생명의 떡이 하늘에서 내린다고 말씀하고 있습니다. 인간은 하늘에서 내리는 신령한 떡을 먹어야 삽니다. 교회는 영적인 베들레헴과 같은 장소입니다. 베들레헴은 '떡집'이라는 뜻입니다. 교회는 생명의 떡을 먹는 곳입니다. 이스라엘 백성들은 광야에서 만나를 먹었습니다. 기적은 광야에서 일어납니다. 왜냐하면 광야는 인간의 수단과 방법을 더 이상 사용할 수 없는 곳이기 때문입니다. 하나님은 인간이 두 손 들고 하나님께 도움을 구하며 나갈 때 기적을 베푸십니다. 오병이어의 기적도 광야에서 일어났습니다. 벳새다 광야는 빈들이었습니다. 인간이 아무것도 할 수 없는 장소였습니다. 그곳이 기적의 장소입니다. 그래서 광야는 은총의 장소요, 축복의 장소요, 기적의 장소인 것입니다. 인생의 광야에 서 계십니까? 인생의 쓸쓸한 빈들에 서 계십니까? 주님을 바라보면 기적이 일어날 것입니다. 인생의 광야에서 백기를 들고 주님 앞에 나아갈 때 하나님은 기적을 베풀어 주십니다. 우리는 하늘에서 내리는 생명의 떡을 먹어야 삽니다. 그 생명의 떡은 바로 예수 그리스도입니다.

둘째, 생명의 떡은 주리지 않습니다.

예수님은 벳새다 광야에서 오병이어의 기적을 베풀어 주셨습니다. 그때 수많은 군중들이 배부름을 경험하면서 기적의 탄성을 올렸습니다. 그때 예수님은 군중들의 곁을 떠나 갈릴리바다 건너편으로 건너가셨는데 군중들이 거기까지 따라온 것입니다. 예수님은 따르는 군중들에게 하나님께서 내려주신 떡은 생명을 주는 떡이라고 말씀하셨습니다. **"나는 생명의 떡이라!" "내게 오는 자는 결코 주리지 않을 것이라!"** 예수님께 나아오는 자는 결코 주리지 않게 될 것이라고 말씀하셨습니다.

천국은 결코 주리지 않으며 목마르지 않는 곳입니다. 보좌 가운데 계신 어린 양이 목자가 되셔서 생명수 샘으로 인도해 주시고 그들의 눈에서 모든 눈물을 씻어주실 것이라고 말씀합니다. 바울은 말씀하기를 하나님의 나라는 먹고 마시는 육적인 나라가 아니라고 하였습니다. 천국은 성령 안에서 의와 평강과 희락을 누리는 곳이라고 하였습니다(롬 14:17). 예수님은 생명의 떡입니다. 세상의 것은 아무리 채워도 채워지지 않고 주리게 됩니다. 그러나 예수님은 생명의 떡이 되셔서 참 만족과 행복을 주십니다.

셋째, 생명의 떡은 목마르지 않습니다.

예수님의 생명의 떡을 먹는 자는 결코 주리지 않습니다. 예수님의 말씀은 생명의 떡임과 동시에 생수가 되십니다. 그리고 말씀은 생수와 같아서 여름 가뭄에 시원케 하는 냉수처럼 시원함을 가져다줍니다. 예수님은 주리고 목마른 자들을 향해서 이렇게 외치고 있습니다. **"누구든지 목마르거든 내게로 와서 마시라." "나를 믿는 자는 그 배에서 생수의 강이 흘러나리라."**

사마리아 수가성 여인은 목마른 여인이었습니다. 세상에서 그녀의 목마름을 해결해 줄 사람은 아무도 없었습니다. 인생에 채워지지 않는 뭔가가 있었습니다. 그녀의 내면의 세계는 아무리 외적인 조건을 통해서 충족하려고 해도 충족되지 않았습니다. 그녀의 마음의 빈공간은 예수님만이 채워줄 수 있는 공간이었습니다. 예수님은 우리의 참 만족이 되십니다. 수가성 여인은 예수님을 만나고 영원히 목마르지 않는 생수를 경험하게 되었습니다. 영원히 목마르지 않는 생명의 떡과 생수를 얻게 된 것입니다.

따라서 우리 인간은 생명의 떡이신 예수 그리스도를 붙잡고 살아야 합니다. 우리는 생명의 떡을 먹어야 삽니다. 생명의 떡은 영원히 주리지 않으며 목마르지 않습니다. 그러므로 우리는 교회를 통하여 생명의 떡을 풍족히 공급받으며 이웃과 함께 나누는 삶을 살아야 합니다.

함께 나누기

1. 오늘 말씀 중에 가장 마음에 남는 말씀은 무엇입니까?

2. 그 말씀이 마음에 남는 이유가 무엇입니까?

3. 오늘의 말씀을 통하여 실천해야 될 사항은 무엇입니까?

한 주간의 기도제목

나	
가정	
교회	

제24과
믿음의 사람들

성경 : 히브리서 11:33~40

찬송 : 357장, 354장

"그들은 믿음으로 나라들을 이기기도 하며 의를 행하기도 하며 약속을 받기도 하며 사자들의 입을 막기도 하며·불의 세력을 멸하기도 하며 칼날을 피하기도 하며 연약한 가운데서 강하게 되기도 하며 전쟁에 용감하게 되어 이방 사람들의 진을 물리치기도 하며"(33-34절)

성경에 보면 믿음으로 살았던 사람들이 수도 없이 나옵니다. 특별히 히브리서에 보면 믿음으로 살았던 믿음의 사람들에 대한 이야기들이 나오는데 마치 앨범처럼 펼쳐져 나옵니다. 그들은 세상이 감당할 수 없는 도전적인 사람들이었습니다. 초대교회 성도들은 극심한 박해 속에서도 자신의 신앙을 지켜 나갔습니다.

첫째, 세상이 감당하지 못한 사람들입니다.

믿음의 사람들은 세상이 감당치 못하는 사람들입니다. 신앙의 위인들이 가지고 있는 공통점이 있습니다. 그것은 어떤 환난이나 핍박 속에서도 인내하는 믿음을 가지고 있었다는 것입니다. 인내하는 믿음을 가지고 하나님의 약속을 믿고 소망 가운데서 어떤 장애물도 뛰어넘으면서 달려갔습니다. 데살로니가전서에 보면 '믿음의 역사'가 나옵니다. 믿음은 역사를 일으키는 것입니다. 우리가 믿음으로 살 때 역사가 일어납니다.

믿음으로 가정의 문제들이 해결됩니다. 믿음으로 기업이 회복되기도 합니다. 믿음으로 질병이 낫기도 합니다. 믿음으로 염려와 근심과 걱정과 두려움이 사라지기도 합니다. 믿음으로 아브라함은 부르심을 받았을 때에 순종하며 갈대아 우르를 떠났고, 백세에 낳은 아들을 하나님께 바쳤습니다. 믿음으로 모세는 바로의 아들이라 칭함을 거절하고 하나님의 백성과 함께 고난 받는 것을 잠시 죄악을 누리는 것보다 더 좋아했습니다. 그리고 그리스도를 위해 받는 수모를 애굽의 보화보다 더 큰 재물로 여겼습니다. 그들에게는 믿음이 있었기 때문입니다. 이렇게 믿음은 역사를 일으키며 세상이 감당하지 못하는 삶을 살게 되는 것입니다.

둘째, 환난과 핍박을 이겨낸 사람들입니다.

히브리서에 보면 매우 도전적인 말씀이 기록되어 있습니다. "**돌로 치는 것과 톱으로 켜는 것과 시험과 칼로 죽임을 당하고 양과 염소의 가죽을 입고 유리하여 궁핍과 환난과 학대를 받았으니 이런 사람은 세상이 감당하지 못하느니라 그들은 광야와 산과 동굴과 토굴에 유리하였느니라**"(37-38절). 자신의 신앙을 지키며 복음을 전하기 위하여 양과 염소의 가죽을 입고 유리하며 궁핍과 환난과 학대를 받았습니다. 그런 가운데서도 초대교회 성도들은 개의치 않고 꿋꿋하게 자신의 믿음을 지켜나갔습니다. 이런 사람들은 세상이 감당치 못한다고 하였습니다.

터어키에 있는 갑바도기아에 가면 '데린구유'라는 곳이 있습니다. 데린구유는 '깊은 우물'이란 뜻입니다. 넓은 평야에 깊은 우물처럼 생긴 것이 있는데 사실 그것은 우물이 아니라 우물로 위장한 지하 동굴 입구였습니다. 기독교인들이 자신의 신앙을 지키기 위해서 약 20층 높이, 약 120미터 높이에 달하는 거대한 지하도시를 만들어놓았습니다. 거기에는 당시에 약 3만 명의 인구가 살고 있었다고 합니다. 그 지하로 내려가면 마치 개미동굴처럼 좁은 미로로 만들어져있습니다. 사람들이 로마 군인들의 박해를 피해 지하 동굴도시를 만들어 놓은 것입니다. 그들은 환난과 핍박 속에서도 자신의 신앙을 지키기 위해서 이런 삶을 살았던 것입니다.

셋째, 더 좋은 것이 예비 되어 있는 사람들입니다.

하나님은 믿음으로 산 사람들을 위하여 더 좋은 것을 예비하고 계십니다. 그것은 그리스도로 인해서 주어지는 구원과 영생입니다. 히브리서에 나오는 믿음의 사람들은 고난과 핍박을 받고, 고통과 불이익을 당하고, 이 땅에서는 잃어버린 것들이 많을지 모르지만 구원과 영생을 보장받는 삶을 살았습니다. 구약의 성도들은 하나님께서 주시는 온전한 구원을 바라보면서 약속을 붙들고 나갔습니다. 그러나 신약에 사는 우리 성도는 예수 그리스도를 통해서 주어지는 온전한 구원을 누리며 살게 되었습니다. 이것이 믿음의 결국이요 믿음의 축복입니다. 히브리서에 나오는 믿음의 사람들은 믿음으로 승리를 거둔 사람들입니다. 이 땅에 있는 금은보화보다 주님을 더 귀하게 여기며 천국에 소망을 두고 살았습니다.

시편기자는 이런 하나님에 대해서 이렇게 표현하고 있습니다. 여호와는 나의 반석이 되시고, 요새가 되시고, 건져주시는 분이시며 피할 바위가 되시고, 방패가 되시고, 구원의 뿔이 되시고, 산성이 되신다고 고백하고 있습니다. 그러므로 우리는 믿음의 사람이 되어야 합니다. 그리고 세상의 가치보다 주님을 더 귀하게 여기며 천국에 소망을 두고 살아야 합니다. 그래서 세상이 감당할 수 없는 도전과 충격을 주는 역동적인 크리스천이 되어야 합니다.

함께 나누기

1. 오늘 말씀 중에 가장 마음에 남는 말씀은 무엇입니까?

2. 그 말씀이 마음에 남는 이유가 무엇입니까?

3. 오늘의 말씀을 통하여 실천해야 될 사항은 무엇입니까?

한 주간의 기도제목

나	
가정	
교회	

제25과
믿음의 기도

성경 : 마가복음 9:17~24

찬송 : 357장, 360장

"무리 중에 하나가 대답하되 선생님 말 못하게 귀신들린 내 아들을 선생님께 데려 왔나이다・귀신이 어디서든지 그를 잡으면 거꾸러져 거품을 흘리며 이를 갈며 그리고 파리해지는지라 내가 선생님의 제자들에게 내쫓아 달라 하였으나 그들이 능히 하지 못하더이다"(17-18절)

오늘 마가복음 본문에 보면 귀신에게 붙잡힌 한 아이가 나옵니다. 그런데 그 아비가 아이를 고쳐달라고 데리고 왔는데 제자들이 고쳐주지를 못한 것입니다. 그래서 사람들에게 둘러싸여 비난과 조롱을 받고 있었습니다. 그렇다면 제자들이 왜 귀신을 쫓아내지 못 했을까요? 그리고 예수님이 요구하시는 것은 무엇이었으며, 믿음으로 나갈 때 어떤 역사가 일어났습니까?

첫째, 믿는 자에게는 불가능이 없습니다.

귀신들린 아이를 둔 아비가 아들을 데리고 예수님께 와서 고쳐달라고 간청하였습니다. 귀신이 자주 물속에도 던져 넣고, 불속에도 던져 넣는다는 것입니다. "예수님, 할 수 있거든 고쳐주십시오!" "이 아이를 불쌍히 여기셔서 도와주십시오!" 예수님을 백 퍼센트 신뢰하는 믿음을 가지고 간청을 한 것이 아니라 반신반의 하면서 간청을 드린 것입니다. 그때 예수님께서 말씀하셨습니다. "**할 수 있거든이 무슨 말이냐?**" "**믿는 자에게는 능히 하지 못할 일이 없느니라!**" 믿는 자에게는 불가능이 없다고 말씀하셨습니다.

예수님은 우리가 믿음을 가질 때 어떤 것도 가능하시다는 것입니다. 주님은 귀신을 쫓아내시는 능력이 있으시며, 질병도 낫게 하시며, 죽은 자도 살리시는 분입니다. 사도 바울은 능력 주시는 자 안에서 배고픔도 이겨낼 수 있는 일체의 비결을 배웠다고 하였습니다. 따라서 믿는 자에게는 불가능이 없습니다. 우리는 불가능을 가능하게 해 주시는 주님을 확신하고 담대하게 나아가야 합니다.

둘째, 믿는 자에게는 기적이 따릅니다.

예수님께서 더러운 귀신을 꾸짖으셨습니다. "말 못하고 못 듣는 귀신아!" "내가 네게 명령하노니 그 아이에게서 나오고 다시 들어가지 말라!" 그때 귀신이 소리를 지르며 아이에게 경련을 일으키게 하고 그 아이를 죽은 자처럼 만들어 놓고 떠나갔습니다. 귀신이 쫓겨나가고 회복이 된 것입니다. 믿는 자에게는 기적이 일어나는 것입니다. 우리가 기적주의는 주의해야 하지만 기적은 믿어야 합니다. 오늘 이 시대에도 기적은 일어납니다.

사도행전 3장에 보면 베드로가 기도하기 위해 성전으로 올라갈 때 구걸하는 앉은뱅이를 고쳐주는 사건이 나옵니다. 베드로는 동전 한 닢보다 더 근본적인 필요를 보았습니다. 그리고 믿음으로 선포하고 앉은뱅이의 오른 손을 잡아 일으켰습니다. 그랬더니 앉은뱅이가 발과 발목에 힘을 얻고 일어서게 되었습니다. 그리고 걷고 뛰고 하나님을 찬양하며 영광을 돌리게 되었습니다. 기적이 일어난 것입니다. 그러므로 우리는 고통과 절망의 자리, 낙심과 포기의 자리, 죽음의 자리에서 일어나야 합니다. 그리고 믿음의 자리로 나아가야 합니다. 믿는 자에게는 기적이 따르게 됩니다.

셋째, 믿는 자에게는 기도의 능력이 나타납니다.

제자들은 아이에게 들린 귀신을 쫓아내지 못하였습니다. 그래서 예수님께 데리고 갔는데 예수님은 당장 귀신을 쫓아내셨습니다. 그때 제자들이 조용한 곳에서 예수님께 질문을 드렸습니다. "예수님, 우리가 어찌하여 귀신을 쫓아내지 못하였습니까?" 그때 예수님께서 가르쳐 주신 핵심은 이것입니다. **첫째**, 기도 외에 다른 것으로는 이런 능력이 나갈 수 없다고 말씀하셨습니다. 기도 밖에는 다른 방법이 없습니다. 기도는 능력의 통로가 되기 때문입니다.

둘째, 귀신이 쫓겨나가는 핵심은 믿음에 있다고 말씀하셨습니다. **"믿는 자에게는 능히 하지 못할 일이 없느니라."** 아무리 기도를 많이 해도 믿음이 없으면 능력이 나타나지 않습니다. 아무리 믿음을 가지고 있어도 기도가 없으면 능력이 나타나지 않습니다. 따라서 믿음의 기도는 엄청난 역사를 일으키게 됩니다. 믿음과 기도가 함께 있을 때 영적인 대지진이 일어나게 되는 것입니다. 제자들이 귀신을 쫓아내지 못한 이유는 영적인 무기력 때문이었습니다.

주님은 우리에게 말씀하십니다. **첫째**, 영적인 무기력에서 빠져나오라. **둘째**, 자만과 안일에서 빠져나오라. **셋째**, 하나님을 간절히 찾으라. **넷째**는 기도하는 자세를 취하라고 말씀하십니다. 영적인 무기력에서 빠져나오는 방법은 믿음의 기도로 주님 앞에 무릎 꿇고 나가는 것입니다.

함께 나누기

1. 오늘 말씀 중에 가장 마음에 남는 말씀은 무엇입니까?

2. 그 말씀이 마음에 남는 이유가 무엇입니까?

3. 오늘의 말씀을 통하여 실천해야 될 사항은 무엇입니까?

한 주간의 기도제목

나	
가정	
교회	

제26과
나누는 사랑

성경 : 마태복음 22:34~40

찬송 : 438장, 218장

"예수께서 사두개인들로 대답할 수 없게 하셨다 함을 바리새인들이 듣고 모였는데·그 중의 한 율법사가 예수를 시험하여 묻되·선생님 율법 중에서 어느 계명이 크니이까·예수께서 이르시되 네 마음을 다하고 목숨을 다하고 뜻을 다하여 주 너의 하나님을 사랑하라 하셨으니·이것이 크고 첫째 되는 계명이요·둘째도 그와 같으니 네 이웃을 네 자신과 같이 사랑하라 하셨으니·이 두 계명이 온 율법과 선지자의 강령이니라"(34-40절)

오늘 본문에는 사두개인과 바리새인들이 나오는데 사두개인은 내세의 부활을 믿지 않습니다. 그들은 현세를 더 중히 여기며 부와 권력을 누리며 사는 사람들입니다. 사두개인들이 예수님과 부활논쟁에서 이기지 못하자 이번에는 바리새인들이 예수님을 찾아와서 한 율법사가 어떤 계명이 가장 큰 계명인지를 질문하게 됩니다. 그때 예수님은 아주 중요한 계명 두 가지를 가르쳐주십니다. 그 중요한 두 가지의 계명이 무엇입니까? 그리고 그 계명을 우리가 어떻게 실천하며 살아가야 합니까?

첫째, 사랑은 나눌수록 풍성해 집니다.

전월세 방에 사는 사람들은 늘 불안해하며 삽니다. 언제 주인이 전월세를 올려달라고 할지 모르기 때문입니다. 돈이 없는 사람들은 지하방을 전전하며 살아가야 합니다. 어떤 교회 목사님이 전월세 값을 올리지 말자고 하는 설교를 하셨는데 감동을 받은 한 성도님이 그것을 실천에 옮겼다고 합니다. 세입자에게 오히려 500만원을 내려주었다고 합니다. 아주 작은 실천이지만 위대한 사랑을 실천한 것입니다.

사랑은 나누어줄수록 풍성해지는 것입니다. 기쁨이 풍성해지고, 감사가 풍성해지는 것입니다. 바울은 많은 은사와 능력을 행할지라도 사랑이 없으면 아무것도 아니며 아무런 유익이 없다고 가르쳐주고 있습니다. 결국 사랑이 있어야 된다는 것입니다. 그러므로 우리는 하나님으로부터 받은 사랑을 이웃에게 흘려보내며 나누어 주어야 합니다. 그러면 풍성함이 넘치게 될 것입니다. 하나님은 사랑하는 독생자를 십자가에 죽도록 내어주신 가장 고귀하고 가치 있는 사랑을 보여주신 분입니다.

둘째, 고통은 나눌수록 줄어 듭니다.

야고보서 5장 13절, 14절에서, 고난당하는 자는 기도하고, 즐거워하는 자는 찬송하라고 가르쳐 줍니다. 육신에 질병을 가진 자는 교회의 지도자를 초청하여 기도하라고 가르쳐 줍니다. 우리가 고난을 당하고 어려움을 당하고 있을 때 말없이 기도해 주는 것처럼 큰 위로와 힘이 되는 것은 없습니다.

우리 주변에는 어려움을 겪고 있는 이웃들이 많이 있습니다. 독거노인들, 소년소녀가장, 노숙인과 같은 어려운 이웃들이 많이 있습니다. 우리는 그들에게 사랑의 손길을 펼쳐야 합니다. 고통은 나눌수록 줄어들기 때문입니다. 우리는 이웃의 고통을 나의 고통으로 받아들이는 자세가 필요합니다. 그리고 주님의 마음을 품고 함께 나눔으로 그리스도의 사랑을 실천하는 삶을 살아가야 되는 것입니다.

셋째, 짐은 나누어질수록 가벼워집니다.

갈라디아서 6장 2절에서 바울은 '**짐을 서로 나누어지라**'고 가르쳐주고 있습니다. 여기서 짐은 혼자 감당할 수 없는 죄의 짐을 의미합니다. 그 짐을 사랑으로 나누어지라는 것입니다. 그래서 그리스도께서 말씀하신 사랑의 법을 성취하라는 것입니다.

남자들은 군대에 들어가면 완전군장을 꾸리고 장거리 행군을 하는 훈련을 합니다. 무거운 짐을 지고 행군을 하다보면 지치고 쓰러지는 동료도 있습니다. 동료가 쓰러지면 그 동료의 짐을 나누어지고 함께 목표지점까지 가야만 합니다. 군대라는 공동체는 혼자만이 아닌 함께 짐을 나누어지는 법을 배우는 곳입니다.

예수님은 수고하고 무거운 짐을 진 자들은 내게로 나아오라고 말씀하십니다. 그러면 주님께서 짐을 져주시며 쉼을 주실 것이라고 말씀하십니다. 예수님은 우리가 살아가면서 실천해야 될 중요한 계명을 가르쳐 주십니다. 첫째는 하나님 사랑을 실천하는 것이요, 둘째는 이웃 사랑을 실천하는 것입니다. 사랑은 율법의 완성입니다. 사랑은 하나님의 속성이며 본질입니다. 사랑은 불변성과 영속성을 가지고 있습니다. 그리고 사랑은 가장 큰 계명입니다. 서로 함께 나눌 때 우리가 살고 있는 공동체는 더욱더 훈훈한 사랑이 넘치는 공동체가 될 것입니다.

함께 나누기

1. 오늘 말씀 중에 가장 마음에 남는 말씀은 무엇입니까?

2. 그 말씀이 마음에 남는 이유가 무엇입니까?

3. 오늘의 말씀을 통하여 실천해야 될 사항은 무엇입니까?

한 주간의 기도제목

나	
가정	
교회	

7월
기도하는 신앙생활

- 여호와를 찬양하라
- 첫사랑을 잃은 교회
- 궁핍하지만 부요한 교회
- 충성된 안디바가 있는 교회

제27과
여호와를 찬양하라

성경 : 시편 107:33~43

찬송 : 31장, 304장

"여호와께서는 강이 변하여 광야가 되게 하시며 샘이 변하여 마른 땅이 되게 하시며 · 그 주민의 악으로 말미암아 옥토가 변하여 염전이 되게 하시며" (33-34절)

오늘 본문에 나오는 시편기자는 여호와께 감사하며 찬양하라고 말씀하고 있습니다. 감사하며 찬양하는 삶이 우리 그리스도인의 삶인 것입니다. 이스라엘 백성들은 과거에 바벨론 포로로부터 풀려난 기적과 은혜를 경험한 민족입니다. 시편기자는 그 시절을 기억하면서 감사하며 찬양하라고 권고하고 있습니다. 그리고 우리가 찬양해야 하는 근본적인 이유를 가르쳐 주고 있습니다.

첫째, 하나님의 전능하심을 찬양해야 합니다.

하나님의 성품 중에 전능하신 성품이 있습니다. 전능하신 성품은 불가능을 가능케 하시는 성품입니다. 하나님은 전능하신 성품을 가지고 온 우주만물을 다스리십니다. 그 하나님을 찬양하라는 것입니다. **첫째로** 하나님은 강이 변하여 광야가 되게 하십니다. 하나님은 잘 나가던 인생을 사막의 인생으로 만들어 버리기도 하십니다. 악하고 교만하고 거짓을 일삼고 끝까지 회개하지 않은 인생을 사막으로 만들어버리기도 하십니다. 강이 변하여 광야가 되게 하시고, 샘이 변하여 마른땅이 되게 하시며, 옥토가 변하여 염전이 되게 하십니다. **둘째로** 광야가 못이 되게 하십니다. 축복과 기적의 인생을 만들어주시는 것입니다. **셋째는** 마른 땅이 변하여 샘물이 되게 하십니다. 마른 땅에 오아시스를

터뜨려주시는 것입니다. 우리 인생의 사막에서 진정한 오아시스는 예수 그리스도입니다. 그래서 예수님을 만나면 행복해 집니다. 우리는 전능하신 하나님께 감사와 찬양을 돌리는 삶을 살아야 합니다.

둘째, 하나님의 신실하심을 찬양해야 합니다.

우리 하나님은 신실하신 분입니다. 신실한 성품은 변함없는 성품을 말합니다. 하나님은 항상 힘든 일에 자신이 앞장서서 모범을 보여주는 것을 좋아하십니다. 기꺼이 기름때 묻히는 것을 좋아하고, 먼지를 뒤집어쓰는 것을 좋아하십니다. 신실하신 하나님은 우리에게 복주시기를 원하십니다. **첫째는** 풍성한 소출을 거두게 하십니다. **둘째는** 우리의 소유를 번성하게 하십니다. 하나님은 번성하게도 하시지만 죄악 때문에 압박과 재난과 우환을 통하여 번영을 억제하기도 하십니다. 그 이유는 **첫째,** 인간이 당연하게 여기기 때문입니다. 둘째, 감사를 잃어버리기 때문입니다. **셋째,** 하나님의 존재를 잊어버리기 때문입니다. 그래서 때로는 징계를 주시고, 고난을 주시고, 회개 하게 하시고, 숫자를 감소하게도 하십니다. 하나님은 신실하신 성품으로 우리의 모든 삶을 이끌어 가십니다. 우리는 그 신실하신 하나님을 찬양해야 합니다.

셋째, 하나님의 인자하심을 찬양해야 합니다.

"여호와께서 고관들에게 능욕을 쏟아 부으시고 길 없는 황야에서 유리하게 하시나"(40절). 여기서 '고관들은' 교만한 자를 가리키며 하나님을 거역하는 자를 가리킵니다. 교만한 자는 능욕을 쏟아 부으시고 길 없는 황야에서 유리하게 하신다고 하였습니다. 그렇지만 '궁핍한 자'는, **첫째로** 고통에서 건져주신다고 하였습니다. 사무엘상에는 "가난한 자를 진토에서 일으키시며 빈궁한 자를 거름더미에서 올리사 귀족들과 함께 앉게 하시며 영광의 자리를 차지하게 하신다"(삼상 2:8)고 하였습니다. 하나님은 가난한 자를 진토에서 일으켜주십니다. 빈궁한 자를 거름더미에서 올려 주십니다. 귀족들과 함께 앉게 하시고 영광의 자리를 차지하게 해 주십니다. 그리고 겸손한 자를 존귀하게 만들어 주십니다.

　하나님의 인자하신 성품에 근거하여 그렇게 존귀하게 만들어 주시는 것입니다. 우리 하나님은 선하신 분입니다. 우리가 고통 중에 있을 때 건져주시는 분입니다. 궁핍한 가족을 양떼같이 잔잔한 물가와 푸른 초장으로 인도하여 주듯이 인도하여 주십니다. 그분을 따라가면 부족함이 없습니다. 우리를 푸른 풀밭과 잔잔한 물가로 인도해 주십니다. 우리의 영혼을 소생시켜 주시고 의의 길로 인도해 주십니다. 그분의 인자하심을 따라 인도해 주십니다. 이것이 우리가 하나님을 찬양할 이유입니다. 그러므로 우리는 하나님의 전능하심과 신실하심과 인자하신 성품으로 인하여 감사하며 찬양하는 삶을 살아야 합니다.

함께 나누기

1. 오늘 말씀 중에 가장 마음에 남는 말씀은 무엇입니까?

　

2. 그 말씀이 마음에 남는 이유가 무엇입니까?

　

3. 오늘의 말씀을 통하여 실천해야 될 사항은 무엇입니까?

　

한 주간의 기도제목

나	
가정	
교회	

제28과
첫사랑을 잃은 교회

성경 : 요한계시록 2:1~7

찬송 : 304장, 218장

"에베소 교회의 사자에게 편지하라 오른 손에 있는 일곱 별을 붙잡고 일곱 금 촛대 사이를 거니시는 이가 이르시되·내가 네 행위와 수고와 네 인내를 알고 또 악한 자들을 용납하지 아니한 것과 자칭 사도라 하되 아닌 자들을 시험하여 그의 거짓된 것을 네가 드러낸 것과·또 네가 참고 내 이름을 위하여 견디고 게으르지 아니한 것을 아노라"(1-3절)

요한계시록에 보면 초대교회 당시의 일곱 교회가 나옵니다. 그 일곱 교회는 그때 당시 소아시아지역에 흩어져 있는 대표적인 교회였으며 가정교회와 동굴교회로 형성되어 있는 교회였습니다. 그런데 에베소교회는 주님으로부터 칭찬도 받고 책망도 받은 교회였습니다. 그 에베소교회에 주님께서 사도요한을 통해 편지를 기록하고 있습니다. 위엄과 장엄한 모습을 지니신 주님께서 특별한 편지를 쓰신 것입니다. 일곱 교회 사이를 거니시는 주님께서 에베소교회에 뭐라고 편지를 쓰셨습니까?

첫째, 에베소교회는 칭찬을 받은 교회입니다.

에베소교회는 주님으로부터 칭찬을 받았습니다. "**네가 네 행위와 수고와 네 인내를 알고 또 악한 자들을 용납하지 아니한 것과 자칭 사도라 하되 아닌 자들을 시험하여 그의 거짓된 것을 드러낸 것과 또 네가 참고 네 이름을 위하여 견디고 게으르지 아니한 것을 아노라**"(2,3절). 네 모든 수고와 행위를 안다고 하였습니다. 그렇습니다. 하나님은 우리가 행하고 있는 모든 행동을 다 알고 계십니다. 우리가 무슨 생각을 품고 있는지, 우리가 어떤 생각을 하고 있는지, 우리의 고민과 고통과 답답함과 우리의 문제들을 다 알고 계십니다. 하나님은 우리의 깊은 것까지라도 통달하시는 분입니다. 그 주님께서 에베소교회를 향하여 네 모든 행위를 알고, 네 모든 수고를 알고, 네 모든 인내를 안다고 하였습니다. 그리고 악한 자들을 용납하지 않은 것과 거짓 사도를 드러낸 것과 주님의 이름을 위하여 참고 부지런히 수고한 것에 대하여 칭찬을 받았습니다. "참 잘했다!"고 칭찬을 받은 것입니다. 오늘 우리가 주님 앞에 섰을 때 "잘했다" 칭찬을 받는다면 얼마나 좋겠습니까?

둘째, 에베소교회는 책망을 받은 교회입니다.

"**그러나 너를 책망할 것이 있나니 너의 처음 사랑을 버렸느니라**"(4절). 에베소교회에 대한 책망이 무엇입니까? 그 책망은 처음 사랑을 버렸다는 것입니다. 그렇다면 왜 처음 사랑을 잃어버렸을까요? 첫째는 극심한 박해 때문에 처음 사랑을 잃어버렸습니다. 박해를 견디다 못해 주님에 대한 사랑이 식어버린 것입니다. 둘째는 이단과 교리적인 싸움 때문에 사랑이 식어버린 것입니다. 에베소교회 당시 니골라당이 있었는데 니골라를 중심으로 초대교회 당시에 유행하고 있던 영지주의 이단에 빠지고 만 것입니다. 그리고 교회를 흔들면서 영적으로 혼탁하게 만들었습니다.

그런 잘못된 이단들과 싸우면서 진리를 수호하다보니까 처음 사랑이 식어버린 것입니다. 우리는 처음 사랑을 회복해야 합니다. 그렇다면 처음 사랑을 회복할 수 있는 방법은 무엇일까요? **첫째는** 어디서부터 떨어졌는지를 생각해야 합니다. 떨어진 시점에서 자신의 신앙을 다시 점검하고 출발하는 것입니다. **둘째는** 회개해야 합니다. 회개는 회복의 지름길입니다. 회개하지 않으면 촛대를 옮겨버릴 것이라고 하였습니다. 우리는 기회가 주어졌을 때 회개하고 회복해야만 합니다. 그래야 회복의 은총을 누리며 살아갈 수 있습니다.

셋째, 이기는 사람에게 상급이 주어집니다.

"귀 있는 자는 성령이 교회들에게 하시는 말씀을 들을 지어다 이기는 그에게는 내가 하나님의 낙원에 있는 생명나무의 열매를 주어 먹게 하리라"(7절). 우리는 항상 영의 귀를 열고 성령님의 음성을 들어야 합니다. 말씀을 통하여 들어야 합니다. 이기는 사람에게는 하나님의 낙원에 있는 생명나무의 열매를 주어 먹게 할 것이라고 하였습니다. 이단의 유혹을 이겨낼 뿐만 아니라 처음 사랑을 유지해 나갈 때 이기는 사람이 되는 것입니다. 이기는 사람에게는 생명나무의 열매를 먹게 하겠다고 하였습니다.

여기서 하나님의 낙원의 생명나무 열매는 천국에서 누리는 영생을 가리키는 것입니다. 천국에서 영생의 축복을 누리게 되는 것을 말합니다. 그러므로 우리는 주님으로부터 칭찬받는 성도가 되어야 합니다. 교회에 이단을 용납하지 말아야 합니다. 끝까지 인내하는 믿음을 가져야 합니다. 열심을 품고 주님을 섬겨야 합니다. 처음 사랑을 회복해야 합니다. 회개하는 삶을 살아야 합니다. 날마다 이기는 삶을 살아야 합니다. 그리고 하나님나라에서 영원한 생명을 누리는 삶을 소망하며 살아야 합니다.

함께 나누기

1. 오늘 말씀 중에 가장 마음에 남는 말씀은 무엇입니까?

2. 그 말씀이 마음에 남는 이유가 무엇입니까?

3. 오늘의 말씀을 통하여 실천해야 될 사항은 무엇입니까?

한 주간의 기도제목

나	
가정	
교회	

제29과
궁핍하지만 부요한 교회

성경 : 요한계시록 2:8~11

찬송 : 336장, 333장

"서머나 교회의 사자에게 편지하라 처음이며 마지막이요 죽었다가 살아나신 이가 이르시되 · 내가 네 환난과 궁핍을 알거니와 실상은 네가 부요한 자니라 자칭 유대인이라 하는 자들의 비방도 알거니와 실상은 유대인이 아니요 사탄의 회당이라"(8-9절)

서머나는 '몰약'이라는 뜻을 가지고 있습니다. 기원전 6세기경에 '일리아드'와 '오딧세이' 서사시의 작품을 남긴 호머(Homer)의 고향이기도 합니다. 서머나는 항구도시로서 무역중심지였기 때문에 부유하고 번창한 도시였습니다. 그렇지만 서머나교회 성도들은 환난과 박해 속에서 궁핍하게 살아야만 했습니다. 그들은 궁핍한 가운데서도 영적으로 부요함을 누리며 살았습니다. 칭찬만 받는다는 것은 결코 쉬운 일이 아닙니다. 그런데 서머나교회는 주님으로부터 칭찬만 받은 교회였습니다.

첫째, 주님으로부터 칭찬을 받은 교회입니다.

서머나교회는 예수님으로부터 칭찬을 받는 내용의 편지를 받았습니다. 한 마디의 책망도 찾아볼 수 없습니다. 그 교회는 궁핍하고 가난한 교회였지만 실상은 부요한 자라고 칭찬을 받았습니다. 주님께서 불꽃같은 눈으로 교회를 바라보고 계셨던 것입니다. 하나님은 우리의 기도를 마치 분향단에서 모락모락 올라가는 향을 천사의 손에 받들려서 하나님의 보좌 가운데로 올라가는 것처럼 우리의 기도의 향을 받고 계십니다.

그러므로 우리는 낙심하거나, 절망하거나, 포기하지 말아야 합니다. 오히려 믿음을 가지고 인내하며 하나님을 바라보고 구하고 찾고 두드리며 나가야 합니다. 서머나교회는 부요한 도시 속에 있었지만 예수를 믿는 것 때문에 재산을 압류당하고 경제적인 제재를 당하면서 불이익을 당해야만 했기 때문에 가난했던 것입니다. 물질적으로는 가난했지만 영적으로는 부요한 교회였습니다. 예수님은 세상을 이기셨다고 했습니다. 우리가 세상에서는 환난을 당하지만 십자가의 승리를 통하여 승리적인 삶을 살아야 합니다.

둘째, 주님으로부터 위로를 받은 교회입니다.

주님은 서머나교회 성도들을 향하여 말씀하십니다. "**너희는 장차 받을 고난을 두려워하지 말라.**" "**마귀가 장차 너희 가운데서 몇 사람을 옥에 던져 시험을 받게 할 것이라.**" 그리고 "**십일 동안 환난을 받으리라**" 그랬습니다. '십일 동안 환난을 받는다'는 의미는 어느 특정한 환난기간을 가리키는 것입니다. 그때 당시에 로마제국을 통치하던 로마의 10대 황제들에 의해서 기독교인들이 많은 박해를 받았습니다. 주님은 그런 서머나교회를 향하여 위로를 해 주십니다.

너는 장차 받을 고난을 두려워하지 말고 네가 죽도록 충성하라고 말씀하십니다. 그러면 생명의 관을 네게 주시겠다고 말씀하십니다. 죽음의 시점에서도 끝까지 믿음을 저버리지 말고 죽는 순간까지도 충성하며, 죽는 한이 있어도 충성하라고 격려해 주셨습니다. 결코 믿음을 배반하지 말고 신실하게 믿음을 지켜나가라는 것입니다. 그러면 장차 천국에서 영원히 썩지 않는 생명의 관을 받아쓰게 된다는 것입니다. 서머나교회 폴리갑 감독은 끝까지 주님께 충성을 맹세하다가 순교를 당하고 말았습니다. 마지막까지 충성을 다한 사람입니다. 하나님은 충성된 자를 사용하십니다.

셋째, 주님의 권면을 받은 교회입니다.

"귀 있는 자는 성령이 교회들에게 하시는 말씀을 들을 지어다 이기는 자는 둘째 사망의 해를 받지 아니하리라"(11절). 성경은 이 예언의 말씀을 읽는 자가 복이 있고 듣는 자가 복이 있고 지키는 자가 복이 있다고 말씀하고 있습니다. 영의 귀를 열고 듣는 자가 복이 있습니다. 이기는 자는 둘째 사망의 해를 받지 않는다고 하였습니다. 둘째 사망의 해는 예수님을 믿지 않는 악한 자들이 영원히 거하게 될 불 못에 들어가는 저주를 의미합니다. 그리고 하나님의 최후의 심판을 의미하는 것입니다.

우리가 예수를 믿으면 한 번 죽습니다. 그러나 예수를 믿지 않으면 두 번 죽게 됩니다. 영원한 죽음을 맛보게 되는 것입니다. 이것이 둘째 사망입니다. 그러나 이기는 자는 둘째 사망을 받지 않게 됩니다. 우리는 어떤 상황이나 환경에도 굴복하지 않고 이기는 자가 되어야 합니다. 이기는 자에게 영원한 복이 주어지기 때문입니다.

바울은 우리가 사방으로 우겨 쌈을 당하여도 싸이지 아니하며, 답답한 일을 당하여도 낙심하지 아니하며, 박해를 받아도 버린바 되지 아니하며, 거꾸러뜨림을 당해도 망하지 않는다고 했습니다. 오뚜기와 같은 인생을 살아가는 것입니다. 그러므로 우리는 우겨 쌈을 당하는 세상 속에서도 영적인 부요함을 누리며 살아가야 합니다.

함께 나누기

1. 오늘 말씀 중에 가장 마음에 남는 말씀은 무엇입니까?

2. 그 말씀이 마음에 남는 이유가 무엇입니까?

3. 오늘의 말씀을 통하여 실천해야 될 사항은 무엇입니까?

한 주간의 기도제목

나	
가정	
교회	

제30과
충성된 안디바가 있는 교회

성경 : 요한계시록 2:12~17

찬송 : 357장, 336장

"버가모 교회의 사자에게 편지하라 좌우에 날선 검을 가지신 이가 이르시되·네가 어디에 사는지를 내가 아노니 거기는 사탄의 권좌가 있는데라 네가 내 이름을 굳게 잡아서 내 충성된 증인 안디바가 너희 가운데 곧 사탄이 사는 곳에서 죽임을 당할 때에도 나를 믿는 믿음을 저버리지 아니하였도다"(12-13절)

버가모교회는 칭찬과 책망을 받은 교회입니다. 어떤 부분에 대하여 칭찬을 받았으며 그리고 책망을 받습니까? 그 축복의 약속은 무엇입니까? 그리고 오늘 우리가 본받아야 할 교훈은 무엇입니까?

첫째, 믿음을 저버리지 않은 교회입니다.

좌우에 날선 검을 가지신 주님께서 버가모교회의 사자에게 편지를 쓰라고 말씀하십니다. 주님은 좌우에 날선 검을 가지신 분입니다. 좌우에 날선 검은 곧 하나님의 말씀을 가리킵니다. 주님의 입에서 나오는 예리한 말씀은 사람의 영혼과 육체와 마음과 생각과 뜻까지도 꿰뚫고 들어가는 능력을 가지고 있습니다. 또한 주님은 버가모를 향하여 말씀하시기를 사탄의 권좌가 있다고 말씀하십니다. 버가모는 그때 당시에 로마의 행정수도였으며 황제숭배의 중심지였습니다. 그리고 로마 황제를 숭배하도록 강요했습니다. 그래서 로마의 권력과 황제숭배를 사탄의 권좌라고 하였던 것입니다.

그런데 버가모교회에는 충성된 증인 안디바가 있었습니다. 안디바는 로마 황제를 신으로 섬기라는 그런 박해와 죽음 앞에서도 끝까지 믿음을 저버리지 않았습니다. 그래서 충성된 증인이라는 칭호가 붙습니다. 안디바는 죽음 앞에서도 자신의 신앙을 굴복하지 않았습니다. 그리고 끝까지 믿음을 지킨 순교적 신앙을 우리에게 가르쳐준 사람입니다. 우리나라에도 일제시대나 6. 25때 자신의 신앙을 지키다가 죽임을 당한 끔찍한 사건들도 있었습니다. 화성에 있는 제암리교회 성도들은 한꺼번에 예배당 안에 갇힌 채 죽임을 당했으며, 영광에 있는 염산교회는 갑자기 들이닥친 공산군들에 의해서 77명의 성도들이 한꺼번에 순교를 당하기도 했습니다.

버가모교회에는 안디바와 같은 충성된 증인이 있었는가 하면, 극심한 박해를 견디다 못해서 세상과 타협해버린 발람이나 니골라와 같은 무리들도 있었습니다. 이 세상에는 두 종류의 사람이 있습니다. 한 종류는 주변 환경에 따라 신앙이 변하는 사람이며, 또 한 종류의 사람은 주변 환경이 아무리 변할지라도 변치 않는 신앙을 가진 사람입니다. 믿음의 심지가 견고한 사람입니다. 안디바, 폴리갑, 손양원, 주기철 목사님과 같은 분들입니다. 이들은 끝까지 믿음을 저버리지 않은 충성된 증인들입니다.

둘째, 거짓된 교훈을 따르는 교회입니다.

버가모교회는 책망을 받았는데 발람의 교훈을 지키고 니골라당의 교훈을 지키는 자들이 있는 교회입니다. 그래서 책망을 받게 되었습니다. 발람 선지자는 돈에 눈이 어두운 사람이었습니다. 모압의 지도자인 발락과 타협을 하고 이스라엘 자손을 범죄의 자리로 이끈 사람입니다. 그는 결국 불의의 삯을 사랑하다가 멸망을 당하고 맙니다. 니골라는 일곱 집사 중의 한 사람입니다. 그런데 니골라는 기독교 신앙과 헬라철학과 사상을 함께 섞어버리고 순수한 신앙을 세상과 적당히 혼합을 시켜버린 사람입니다. 그리고 황제숭배는 애국의식 가운데 하나라고 주장을 했습니다. 니골라당은 종교를 혼합시켜버리고 도덕적으로 문란하게 만든 장본인으로서 사탄의 종파로 간주되었습니다.

우리는 잘못된 이단 종파나 미혹의 영에 이끌리지 않도록 항상 깨어 있어야 합니다. 그리고 하나님 앞에 더욱 가까이 나아가야 합니다. 그리고 말씀 앞에 더욱더 가까이 나아가며 성령님의 인도하심을 따라가야 합니다. 베드로 사도는 근신하라 깨어라고 경고하고 있습니다. 그래서 주님은 버가모 교회가 발람의 교훈을 따른 것과 니골라당의 교훈을 지킨 것에 대해서 회개하라고 말씀하십니다. 우리가 잘못되었을 때 회복할 수 있는 방법은 회개입니다. 회개는 곧 기회입니다.

주님은 이기는 자에게 축복을 약속하고 있습니다. **첫째는**, 감추었던 만나를 주실 것을 약속하십니다. 이것은 영적인 생명의 양식을 공급해 주시겠다는 것입니다. **둘째는**, 흰 돌을 받게 될 것을 약속하십니다. 이것은 죄사함 받는 것을 의미합니다. **셋째는**, 새 이름을 받게 될 것을 약속하십니다. 새 이름은 영생을 보장받는 것을 의미합니다. 버가모교회는 칭찬도 받았지만 책망도 받았습니다. 특별히 극심한 박해 속에서도 순교적 신앙을 가지고 생을 마친 안디바와 같은 충성된 증인이 있다는 것은 자랑스러운 일입니다. 오늘날도 안디바와 같은 충성된 증인들이 많을 때 교회가 빛이 나는 영광스러운 교회가 될 것입니다.

함께 나누기

1. 오늘 말씀 중에 가장 마음에 남는 말씀은 무엇입니까?

2. 그 말씀이 마음에 남는 이유가 무엇입니까?

3. 오늘의 말씀을 통하여 실천해야 될 사항은 무엇입니까?

한 주간의 기도제목

나	
가정	
교회	

8월
은혜의 신앙생활

- 이세벨을 용납하지 말라
- 살아있는 교회
- 주님의 말씀을 지킨 교회
- 영적으로 가난한 교회

제31과
이세벨을 용납하지 말라

성경 : 요한계시록 2:18~23

찬송 : 210장, 358장

"두아디라 교회의 사자에게 편지하라 그 눈이 불꽃같고 그 발이 빛난 주석과 같은 하나님의 아들이 이르시되·내가 네 사업과 사랑과 믿음과 섬김과 인내를 아노니 네 나중 행위가 처음 것보다 많도다"(18-19절)

오늘 본문에 보면 두아디라교회가 나옵니다. 두아디라교회는 칭찬과 책망을 동시에 받은 교회입니다. 그렇다면 어떤 부분에 대하여 칭찬과 책망을 받게 되었을까요? 그리고 이기는 자에게는 어떤 약속을 하고 있습니까?

첫째, 나중 행위가 처음 것보다 많은 교회입니다.

주님께서 불꽃같은 눈으로 두아디라 교회를 바라보시며 칭찬을 하십니다. 눈이 불꽃같다는 것은 과거와 현재와 미래를 환하게 아시는 지혜를 의미합니다. 주님께서 두아디라교회를 칭찬하시는데 나중 행위가 처음 것보다 많았다고 하셨습니다. 그 교회는 하나님을 위한 섬김이 있었으며 믿음으로 섬기며 여러 가지 어려운 문제 앞에서도 인내로 나간 교회입니다.

국내에 있는 여러 성지들이 있습니다. 절두산 선교사묘지, 화성 제암교회, 염산 영광교회, 여수 애양원교회, 부산 초량교회, 용인 순교자기념관 등이 있습니다. 그런데 용인 순교자기념관에는 우리나라 개신교 최초의 순교자 토마스 선교사를 비롯하여 수많은 순교자들의 사진들이 걸려 있습니다. 우리나라에 순교자가 많다는 것은 큰 복입니다.

세상 마지막에는 반드시 종말이 있습니다. 그런데 종말은 세 가지의 요건이 충족이 되어야 합니다. **첫째는** 이방인의 수가 차야 합니다. **둘째는** 구원받은 수가 차야 합니다. **셋째는** 순교자의 수가 차야 합니다. 한국교회에 순교자가 많다는 것은 칭찬받을 만한 일입니다. 두아디라교회는 나중 행위가 처음 것보다 많았다고 칭찬을 받습니다. 그러므로 우리는 두아디라 교회처럼 주님의 선한 사업에 부할 뿐만 아니라 풍성한 사랑과 믿음과 인내를 가지고 주님을 섬기는 삶을 살아야 합니다.

둘째, 이세벨을 용납한 교회입니다.

두아디라교회는 자칭 선지자라 하는 이세벨을 용납함으로 인해서 책망을 받은 교회입니다. 이세벨이란 여자는 북이스라엘 시대에 7대왕이었던 아합의 아내인데 모략과 술수가 능했고 탐욕이 많았으며 하나님보다 우상을 앞세우고 남편의 권력을 이용하여 자신의 탐욕을 채운 여인입니다. 그런데 두아디라교회는 이런 이세벨을 용납한 것입니다.

두아디라는 각종 계 조합이 성행하였습니다. 그래서 사람들은 각종 혜택을 누리기 위해서 계 조합원이 되어야만 하였습니다. 그런데 계 조합원이 되면 이방신전에 곗돈을 바쳐야 했고, 곗날이 되면 이방신전에서 제사를 지내야만 했습니다. 그리고 술을 마시고, 우상에게 바쳐진 고기를 먹고, 그리고 음행에 빠졌습니다. 그래서 두아디라교회 교인들 중에는 자신의 생존 기반을 잃지 않기 위해서 어쩔 수 없이 이방신전에서 제사를 드리고 부도덕한 관습을 따라서 행하는 자들이 있었습니다. 신전과 교회 사이에 양다리를 걸치고 있었던 것입니다. 그래서 주님은 '**그가 내 종들을 꾀어 행음하게 하고 우상의 제물을 먹게 하는도다**' 라고 책망을 하셨던 것입니다. 따라서 우리는 우리 주변에 도사리고 있는 이세벨을 용납하지 않는 신앙의 절개를 지켜 나가야 합니다.

셋째, 회개하는 자에게 약속을 주십니다.

주님은 회개할 기회를 주십니다. 회개는 축복의 기회입니다. 주님은 두아디라교회를 향해 음행을 회개하라고 하십니다. 그런데 회개를 하지 않았습니다. 그래서 주님께서 **'내가 그를 침상에 던질 것이라'**고 말씀하십니다. 침상에 던진다는 것은 질병의 재앙을 내리시겠다는 것입니다. 그래서 병상에 눕게 만들고 필경은 사망의 심판을 내리시겠다는 것입니다. 그러므로 회개하라는 것입니다. 회개는 살 길이요, 기회요, 축복입니다. 그리고 회개하는 자에게 약속을 주십니다.

이세벨의 교훈을 받지 않고, 주님의 교훈을 따르는 자에게는 두 가지 약속을 하고 있습니다. **첫째는** 만국을 다스리는 권세를 주신다고 말씀하십니다. 사탄의 권세를 짓밟고 깨뜨려버리는 권세를 주신다는 것입니다. **둘째는** 새벽별을 주시겠다고 말씀하십니다. 새벽별은 깊은 밤중에 반짝 반짝 빛이 나는 별입니다. 곧 예수 그리스도를 의미합니다. 예수님은 우리에게 생명을 주시며 영생을 주시는 새벽별과 같은 분입니다.

그러므로 우리는 세상과 결코 타협하지 말아야 하며 세상의 탐심을 버려야 합니다. 그리고 신앙의 양심을 지키면서 믿음으로 살아야 합니다. 그리고 이세벨과 같은 유혹이 많은 세상에서 신앙의 절개를 지키며 살아가야 합니다.

함께 나누기

1. 오늘 말씀 중에 가장 마음에 남는 말씀은 무엇입니까?

2. 그 말씀이 마음에 남는 이유가 무엇입니까?

3. 오늘의 말씀을 통하여 실천해야 될 사항은 무엇입니까?

한 주간의 기도제목

나	
가정	
교회	

제32과
살아있는 교회

성경 : 요한계시록 3:1~6
찬송 : 283장, 336장

"사데 교회의 사자에게 편지하라 하나님의 일곱 영과 일곱 별을 가지신 이가 이르시되 내가 네 행위를 아노니 네가 살았다 하는 이름은 가졌으나 죽은 자로다·너는 일깨어 그 남은 바 죽게 된 것을 굳건하게 하라 "(1-2절)

오늘 본문에는 사데교회가 나옵니다. 사데 교회는 왜 책망만 받게 되었습니까? 그리고 어떻게 회복될 수 있으며 이기는 자에게는 어떤 약속을 하고 있습니까?

첫째, 사데교회는 왜 책망만 받았을까요?

주님은 사데 교회를 향하여 '**네 행위를 안다**'고 말씀하셨습니다. 그리고 '**네가 살았다 하는 이름은 가졌으나 죽은 자**'라고 하셨습니다. 겉으로는 산 것처럼 보이는데 사실상은 죽어 있는 교회였습니다. 사데 지역은 지형적으로 난공불락의 요새와 같은 곳에 자리를 잡고 있었습니다. 그리고 모직과 염색과 금은보석 세공업이 발달을 했으며 사치와 향락이 성행했던 곳입니다. 과거에는 리디아 왕국의 수도였습니다. 그래서 그들은 과거의 화려함을 동경했습니다. 그런데 그들은 무기력했고 실상은 죽은 교회였습니다. 그리고 성도들의 신앙도 형식화 되었으며 죽은 신앙을 가지고 있었습니다. 이것이 사데교회의 현주소였습니다. 주님은 사데교회의 이런 모습을 불꽃같은 눈으로 지켜보신 것입니다.

주님께서 교회를 보시는 관점은 사람이 보는 관점과는 다릅니다. 우리는 교회 건물이 화려하고, 사람들이 많이 모이고, 프로그램이 잘 짜여있고, 모든 조직이 잘 움직이고, 헌금도 많이 모으고, 유명세를 타고, 성도들에게 편안함을 제공해 주면 좋은 교회라고 생각을 합니다. 그러나 주님이 보시는 관점은 다른 것입니다. 주님은 우리의 중심을 면밀하게 관찰하시는 분입니다.

만약에 지금 주님께서 우리 교회들을 보신다면 어떻게 말씀하실까요? 네가 살았다 하는 이름은 가졌으나 실상은 죽은 교회라고 책망하지 않으실까요? 살아있는 교회는 주님이 함께 하시는 교회이며, 주님의 주권이 인정되는 교회이며, 주님이 주인 되시는 교회입니다. 그리고 사람이 아닌 하나님께 영광을 돌리는 교회입니다.

둘째, 사데교회가 살아날 수 있는 방법은 무엇일까요?

주님은 사데교회를 향하여 말씀하십니다. **"너는 일깨어 그 남은 바 죽게 된 것을 굳게 하라"**(2절). 첫째는 깨어나라고 말씀하십니다. 깨어나서 하나님 앞에 온전히 서서 자신을 굳게 세우라는 것입니다. 만약에 일깨지 아니하면 주님께서 도둑 같이 이르게 될 것이라고 하였습니다.

그러므로 우리가 깨어나야 합니다. 큐티의 영성이 살아나야 합니다. 자신이 스스로 말씀을 먹으며 하나님의 음성을 들어야 합니다. 그리고 스스로 서야 합니다. 기도로 깨어나야 합니다. 둘째는 회개하라고 말씀하십니다. 세상의 것을 버리고 주님만 따르라는 것입니다. 회개는 회복의 지름길입니다. 회개하는 자에게 축복이 주어집니다. 셋째는 순종하라고 말씀하십니다. 지키는 것은 곧 순종을 의미합니다. 네가 받은 말씀을 순종하고 들은 것을 순종하라는 것입니다. 순종하는 삶이 복된 삶입니다.

셋째, 이기는 자에게 주어지는 약속은 무엇입니까?

이기는 자에게 주어지는 약속이 있습니다. **첫째는** 흰옷을 입게 된다고 하였습니다. 여기서 흰옷은 정결과 영광과 승리를 상징하는 것입니다. 예수 그리스도의 공로로 구원을 입은 것을 의미하며, 또한 예수 그리스도의 인격을 닮은 새사람이 되는 것을 의미합니다. 이것을 때 묻지 않은 거룩한 흰옷으로 표현하고 있습니다.

둘째는 이름을 생명책에서 지우지 않겠다고 했습니다. 한 번 생명책에 기록한 이름을 영원히 지우지 않겠다는 것입니다. 이것은 그리스도와 순결한 관계가 영원히 지속될 것을 약속하고 있는 것입니다. 그러므로 우리는 주님께서 사데교회에 말씀하신 것처럼 자신을 일깨워서 굳건하게 세우고, 회개하고 순종하여 생명책에 이름이 기록된 은혜를 누리며 살아가야 합니다.

셋째는 주님께서 우리의 이름을 시인하시겠다고 하셨습니다. 우리가 하나님 앞에 섰을 때 주님이 우리의 변호자가 되셔서 하나님 앞과 천사들 앞에서 시인해 주시겠다는 것입니다. 얼마나 큰 영광이며 축복입니까? 그러므로 우리는 영적으로 깨어 있어야 합니다. 깨어나서 자신의 믿음을 굳건하게 세워야 합니다. 그리고 회개함과 순종함으로 나아가야 합니다. 그래서 살아있는 교회를 세워 나가고 살아있는 신앙으로 주님을 기쁘시게 해 드리는 삶이 되어야 합니다.

함께 나누기

1. 오늘 말씀 중에 가장 마음에 남는 말씀은 무엇입니까?

2. 그 말씀이 마음에 남는 이유가 무엇입니까?

3. 오늘의 말씀을 통하여 실천해야 될 사항은 무엇입니까?

한 주간의 기도제목

나	
가정	
교회	

제33과
주님의 말씀을 지킨 교회

성경 : 요한계시록 3:7~13

찬송 : 210장, 180장

"빌라델비아 교회의 사자에게 편지하라 거룩하고 진실하사 다윗의 열쇠를 가지신 이 곧 열면 닫을 사람이 없고 닫으면 열 사람이 없는 그가 이르되·볼지어다 내가 네 앞에 열린 문을 두었으되 능히 닫을 사람이 없으리라 내가 네 행위를 아노니 네가 작은 능력을 가지고서도 내 말을 지키며 내 이름을 배반하지 아니하였도다"(7-8절)

오늘 본문에 나오는 빌라델비아교회는 어떤 교회였으며 왜 칭찬만을 받게 되었을까요? 그리고 이기는 자에게 어떤 약속을 하고 있습니까?

첫째, 칭찬만 받은 교회입니다.

빌라델비아는 '필리아'라는 '사랑'과, '델피아'라는 '형제'가 합쳐진 복합명사로 쓰여진 단어입니다. 그래서 '빌라델비아'는 '형제사랑'이란 뜻입니다. 그런데 그 교회는 칭찬만 받은 교회입니다. 빌라델비아교회는 가난하고 약한 교회이지만 생명이 있었고 활력이 넘치는 교회입니다.

지금 우리 한국교회는 가난을 벗어나서 많은 것을 소유하게 되었습니다. 교인수도 넘치고, 재정도 넘치고, 인터넷도 발달하고, 건물도 화려해지고, 대형교회들도 많이 생겨나고, 시설들도 편리해지고, 영향력도 생겼습니다. 이제 한국교회는 부족해서가 아니라 풍족해서 문제가 불거져 나오는 경우들이 더 많습니다. 성경에 나오는 솔로몬도 너무나 가진 것이 많아서 문제가 생겼습니다. 소유가 많은 것 자체가 잘못된 것이 아닙니다. 청지기적 사명을 잘못 감당한 것이 문제인 것입니다. 잠언 기자는 소박한 두 가지를 간구합니다. 첫째는 헛된 것과 거짓말을 내게서 멀리하게 해달라고 간구합니다. 둘째는 가난하게도, 부하게도 말게 해달라는 간구를 드립니다. 빌라델비아 교회는 가난하고 약한 교회지만 생명이 넘치는 교회입니다. 그래서 주님으로부터 칭찬을 받은 교회입니다.

둘째, 두 가지 칭찬을 받은 교회입니다.

빌라델비아 교회에 말씀하신 주님은 다윗의 열쇠를 가지신 분입니다. 새 예루살렘의 거룩한 성문을 열고 닫는 권위의 상징인 다윗의 열쇠를 가지신 분입니다. 여기서 열쇠는 권능의 열쇠, 사망과 음부의 열쇠, 천국의 열쇠, 만물을 다스리는 열쇠를 의미합니다. 그 열쇠를 가지신 분이 예수그리스도입니다. 그 주님께서 빌라델비아교회의 두 가지를 칭찬하십니다. 첫째는 네가 작은 능력을 가지고도 내 말을 지켰다는 것입니다. 우리가 작은 것을 가지고도 감사하며 사용할 때 놀라운 역사가 일어나게 될 것입니다. 둘째는 주님의 말씀을 지키며 이름을 배반하지 않았다는 것입니다. 박해 속에서도 인내하며 주님의 이름을 배반하지 않은 충성심을 보인 것입니다.

그래서 주님께서 시험의 때를 면하게 해주시겠다고 하셨습니다. 마지막 환난 가운데서 보호해 주시겠다는 것입니다. 그리고 주님이 속히 오실 것인데 말씀을 굳게 붙잡고 면류관을 빼앗기지 않게 하라고 하셨습니다. 하나님의 자녀 된 우리는 구원의 확신을 가지고 항상 깨어 있어야 합니다. 그리고 최후의 승리가 확정되는 그 순간까지 주님께서 주실 상급을 바라보며 믿음을 굳게 지켜 나가야 합니다.

셋째, 승리의 약속을 받은 교회입니다.

이기는 자에게 주어지는 약속이 있습니다. **첫째는** 하나님의 성전에 기둥이 되게 하겠다고 하셨습니다. 예루살렘 성전에는 야긴과 보아스라는 두 기둥이 있는데 그 두 기둥은 굳건함과 영구성을 상징하고 있습니다. 만약에 건물에 기둥이 없다면 지진이 일어날 때 건물이 붕괴되고 말 것입니다. 따라서 건물의 기둥은 중요한 역할을 하는 것입니다. 우리는 어떤 환난이나 핍박 속에서도 무너지지 않는 믿음의 기둥을 굳게 세워야 합니다.

둘째는 새 예루살렘의 이름과 주님의 새 이름을 기록해 주시겠다고 말씀하십니다. 새 예루살렘의 이름이 새겨지는 것은 구원 받은 성도를 천국 백성으로 공식적으로 승인하시겠다는 것입니다. 그리고 그리스도의 새 이름을 기록하시겠다는 것은 하나님나라의 주권자 되시는 예수 그리스도께 속하여 주님과 함께 영원히 왕 노릇하게 할 것이라는 것입니다.

빌라델비아교회는 아주 작은 능력을 가지고도 주님의 말씀을 지킨 교회이며, 또한 주님의 이름을 배반하지 않은 교회입니다. 우리는 내가 가진 것을 다른 사람과 비교하지 말아야 합니다. 작은 능력을 가지고도 주님을 위해 헌신하며 어떤 고난 속에서도 주님의 약속을 지켜 나가야 합니다. 그런 자에게 승리의 약속이 주어지게 될 것입니다.

함께 나누기

1. 오늘 말씀 중에 가장 마음에 남는 말씀은 무엇입니까?

   ....
   ....
   ....
   ....

2. 그 말씀이 마음에 남는 이유가 무엇입니까?

   ....
   ....
   ....
   ....

3. 오늘의 말씀을 통하여 실천해야 될 사항은 무엇입니까?

   ....
   ....
   ....
   ....

한 주간의 기도제목

나	
가정	
교회	

제34과
영적으로 가난한 교회

성경 : 요한계시록 3:14~22

찬송 : 333장, 336장

"라오디게아 교회의 사자에게 편지하라 아멘이시오 충성되고 참된 증인이시오 하나님의 창조의 근본이신 이가 이르시되·내가 네 행위를 아노니 네가 차지도 아니하고 뜨겁지도 아니하도다 네가 차든지 뜨겁든지 하기를 원하노라"(14-15절)

오늘 본문에는 라오디게아교회가 나옵니다. 라오디게아교회는 어떤 교회였으며 왜 책망만 받게 되었을까요? 그리고 권면과 이기는 자에 대한 약속은 무엇입니까?

첫째, 뜨겁지도 않고 차지도 않은 교회입니다.

라오디게아교회는 다른 교회들처럼 외부로부터 핍박을 받지 않은 교회입니다. 경제적인 어려움도 겪지 않았습니다. 그들은 매우 부유했으며 최적의 환경을 누리고 있었습니다. 그러나 영적으로는 매우 가난한 교회입니다. 그 교회는 부유한 환경을 영적성장의 기회로 삼지 않고 향락의 기회로 삼은 것입니다. 그리고 육신의 즐거움과 부유함을 영적인 부요함으로 착각했던 것입니다. 라오디게아는 상업적으로 번영을 누린 도시였습니다. 많은 은행들, 고리대금업, 목양산업, 목화산업, 면직공업이 발달했으며, 또한 의학이 발달하여 의과대학, 제약회사들이 많이 있어서 부를 누렸지만 영적으로는 가난한 교회였습니다. 그래서 주님께서는 네가 뜨겁지도 않고 차지도 않다고 책망을 하신 것입니다.

그들은 인생의 짐으로 곤고했습니다. 영적으로 빈곤했으며 참 진리를 보지 못하는 영적인 장님이었습니다. 화려한 옷을 입고 있었지만 실상은 벌거벗은 거지와 같은 모습을 하고 있었습니다. 너무나 가진 것이 많아서 영적으로 둔해지고 가난해진 것입니다. 우리는 어떤 환경 속에서도 변하지 않는 중심을 가지고 살아야 합니다. 그리고 주님을 향한 뜨거운 사랑으로 주님을 섬겨야 합니다.

둘째, 주님으로부터 권면을 받은 교회입니다.

라오디게아교회는 주님으로부터 네 가지의 권면을 받은 교회입니다. **첫째는** 불로 연단한 금을 사서 부요하게 하라고 말씀하십니다. 순도 100퍼센트 금을 사라는 것입니다. 즉 믿음 안에서 신앙의 연단을 통해 영적으로 순결하고 부요케 되라는 것입니다. 고난의 풀무불속에서 불순물을 다 빼낸 정금 같은 신앙으로 끌어올리라는 것입니다.

둘째는 흰옷을 사서 입어 벌거벗은 수치를 보이지 않게 하라고 말씀하십니다. 흰옷은 승리를 상징하며 그리스도의 보혈로 깨끗하게 속죄함을 받고 의롭다함을 받는 것을 상징합니다. 우리는 비싼 옷으로 겉을 치장하기 보다는 예수 그리스도의 보혈로 씻음 받은 칭의의 옷으로 갈아입어야 합니다.

셋째는 안약을 사서 눈에 발라 보게 하라고 말씀하십니다. 영적인 눈을 뜨고 보라는 것입니다. **넷째는** 열심을 내고 회개하라고 말씀하십니다. 열심을 회복하고 회개하라는 것입니다. 주님께서 문밖에 서서 두드리실 때 누구든지 음성을 듣고 마음의 문을 열면 주님께서 그들에게로 들어가서 그와 더불어 영적인 친밀한 교제를 이루시겠다고 말씀하십니다. 회개하고 주님을 받아들이면 회복이 된다는 것입니다. 그러므로 우리는 주님의 음성을 들으며 주님과 함께 기쁨의 잔치와 함께 영적인 친밀한 교제를 나누는 삶을 살아야 합니다.

셋째, 이기는 자에 대한 약속을 받은 교회입니다.

　자신의 잘못을 회개하고 죄 사함을 받고 여러 가지 환난이나 시련 속에서도 굴복하지 않고 신앙으로 인내하는 자에게 자기의 보좌에 함께 앉히며 주님과 함께 만국을 다스리는 통치권을 주시겠다고 약속하십니다. 라오디게아 성도들이 외적인 부유함 속에서 미지근한 신앙을 가지고 있었다할지라도 진정으로 회개하고 돌아서면 주님과 함께 왕 노릇하며 만국을 다스리는 통치권을 얻게 된다는 것입니다. 아직 회복의 기회가 남아있다는 것입니다.

　요한계시록에 나오는 라오디게아교회는 물질문명의 교회를 보여주고 있습니다. 물질문명의 시대에 존재하고 있는 교회들이 물질문명의 파도 속에 함몰되어서는 안 된다고 경고하고 있습니다. 소아시아 일곱 교회는 우주적인 전 교회를 가리킵니다. 소아시아 일곱 교회는 지금 우리가 섬기고 있는 교회를 가리키기도 합니다. 그러므로 우리는 주님께서 피로 값 주고 사신 교회를 사랑하며 축복하며 헌신으로 세워 나가야 합니다.

함께 나누기

1. 오늘 말씀 중에 가장 마음에 남는 말씀은 무엇입니까?

   ....
   ....
   ....
   ....

2. 그 말씀이 마음에 남는 이유가 무엇입니까?

   ....
   ....
   ....
   ....

3. 오늘의 말씀을 통하여 실천해야 될 사항은 무엇입니까?

   ....
   ....
   ....
   ....

한 주간의 기도제목

나	
가정	
교회	

9월
증거하는 신앙생활

- 예수님의 손을 붙들라
- 내 증인이 되라
- 내 집을 채우라
- 증인된 삶을 살라
- 하나님나라 군사의 자세

제35과
예수님의 손을 붙들라

성경 : 마태복음 14:22~33

찬송 : 369장, 371장

"예수께서 즉시 제자들을 재촉하사 자기가 무리를 보내는 동안에 배를 타고 앞서 건너편으로 가게 하시고 · 무리를 보내신 후에 기도하러 따로 산에 올라가시니라 저물매 거기 혼자 계시더니"(22-23절)

우리가 인생을 살아가면서 순간순간 위기를 맞이하며 살아갈 때가 있습니다. 죽음, 건강, 가정, 직장, 사업, 자녀, 등을 통한 위기를 맞이하며 살아갑니다. 그렇다면 그런 위기들을 직면할 때 우리가 어떻게 그 위기들을 극복하며 살아가야 할까요?

첫째, 주님께 매달려 기도해야 합니다.

예수님께서 오병이어의 기적을 베푸신 후에 제자들을 즉시 재촉하여 갈릴리바다 건너편으로 건너가게 하셨습니다. 그리고 자신도 즉시 그 기적의 현장을 피하셨습니다. 그렇다면 왜 예수님께서 기적의 현장을 즉시 피하셨을까요? 첫째는 군중들이 예수님을 이스라엘의 왕으로 세우려고 했기 때문에 피하셨던 것입니다. 둘째는 예수님께서 기도하시기 위해서였습니다. 조용한 곳에서 기도하시기 위하여 혼자 산으로 올라가신 것입니다. 예수님은 자신의 위기관리를 하신 것입니다.

예수님은 인기나 명예나 권력에 연연하지 않으셨습니다. 예수님은 자신이 오신 목적을 위해 기도하신 것입니다. 만약에 예수님께서 오병이어의 기적의 현장에 머물러 계셨다면 군중들이 억지로 예수님을 왕으로 삼으려고 했을 것입니다. 그래서 예수님은 그 현장을 피하시고 산으로 올라가셔서 기도하셨던 것입니다. 우리가 위기의 순간에 해야 될 일이 있다면 그것은 기도일 것입니다. 기도할 때 역사가 일어나기 때문입니다. 그러므로 우리는 기도로 인생의 위기관리를 잘 해나가야 합니다.

둘째, 주님을 의지하는 믿음을 가져야 합니다.

예수님께서 기도를 마치신 후, 배를 타고 먼저 떠난 제자들이 있는 곳으로 걸어가셨습니다. 그런데 제자들이 노를 저어 앞으로 나아가지 못하고 고난을 당하고 있었던 것입니다. 바로 그 제자들의 모습이 우리 성도들의 모습과 같습니다. 세상은 어느 날 갑자기 바람이 불어오고 풍랑이 일어납니다. 거센 물결이 앞을 가로막습니다. 제자들이 갈릴리바다 풍랑을 헤치고 앞으로 나아가려고 하는데 자기들 맘대로 되지 않습니다. 그래서 고난을 당한 것입니다.

이 세상은 내 힘으로 되는 것도 있지만 안 되는 것이 훨씬 더 많습니다. 그래서 우리는 주님의 도우심이 절대적으로 필요합니다. 그리고 주님께 손을 내밀어야 하며 붙잡아야 합니다. 인간의 노력은 한계가 있습니다. 인간의 지식이나 지혜나 방법이나 전략이라는 것은 풍랑 앞에서는 속수무책입니다. 그래서 우리는 주님을 의지하는 믿음을 가지고 주님의 손을 붙잡아야 합니다. 예수님은 바람이나 풍랑도 문제가 되지 않습니다. 예수님 편에서 본다면 그것은 아주 평범한 사건입니다. 예수님과 함께 하면 우리의 삶이 쉬워집니다. 막혔던 문제가 풀립니다. 그러므로 우리는 예수님을 의지하는 믿음을 가지고 살아야 합니다.

셋째, 주님께 구원을 요청해야 합니다.

예수님께서 바다 위를 걸어오실 때 제자들은 본능적으로 깜짝 놀라며 소리를 질렀습니다. 그때 예수님께서 안심하고 두려워말라고 말씀하십니다. 베드로가 예수님을 바라보고 물위로 걸었습니다. 그런데 그만 거세게 일어나는 바람을 보고 무서운 마음이 들었습니다. 그 순간, 바다로 빠져 들어가고 맙니다. 우리가 세상을 두려워하는 순간 염려와 근심과 두려움의 바다에 빠지게 됩니다. 그러므로 우리는 두려워하지 말고 주님만 바라보아야 합니다.

베드로가 바다로 빠져 들어가는 순간 주님께 구원을 요청하였습니다. "**주여 나를 구원하소서!**" 그때 예수님께서 믿음이 작은 베드로를 안타깝게 여기시면서 즉시 손을 내밀어 베드로의 손을 붙잡아 건져주셨습니다. 우리가 위기에 처했을 때 예수님께 구원을 요청해야 합니다. 예수님과 함께 하면 인생의 바람이 잔잔케 됩니다. 우리 인생의 해답은 예수님께 있습니다. 그러므로 우리는 예수님의 손을 붙잡고 살아야만 합니다. 그리고 주님의 영광을 드러내는 삶을 살아야 합니다.

함께 나누기

1. 오늘 말씀 중에 가장 마음에 남는 말씀은 무엇입니까?

2. 그 말씀이 마음에 남는 이유가 무엇입니까?

3. 오늘의 말씀을 통하여 실천해야 될 사항은 무엇입니까?

한 주간의 기도제목

나	
가정	
교회	

제36과
내 증인이 되리라

성경 : 사도행전 1:8

찬송 : 502장, 505장

"오직 성령이 너희에게 임하시면 너희가 권능을 받고 예루살렘과 온 유대와 사마리아와 땅 끝까지 이르러 내 증인이 되리라 하시니라"(8절)

보혜사 성령님은 우리의 보호자와 상담자와 안내자가 되어 주십니다. 그리고 성령님과 동행하면 우리의 삶이 풍성해지며 행복해 집니다. 예수님께서 십자가에서 죽으시고 삼일 만에 부활하신 후에 제자들에게 중대한 지상명령을 주셨습니다. 그런데 주님의 지상명령(至上命令)을 수행하는 데는 필수적으로 필요한 것이 있습니다. 누가는 그것을 본문에서 핵심적으로 기록하고 있습니다. 그렇다면 우리가 예수님의 증인된 삶을 살기 위해서는 어떻게 해야 될까요?

첫째, 성령을 받아야 합니다.

오늘 사도행전 본문에서 말씀하고 있습니다. **"오직 성령이 너희에게 임하면"** 그랬습니다. 증인이 되기 위해서는 성령을 받아야 한다는 것입니다. 성령을 받는 것은 예수님의 증인이 되는 것과 직결되는 것입니다. 성령을 받아야만 로마제국과 같은 엄청난 박해 속에서도 굴복하지 않고 세상을 영적으로 정복할 수 있기 때문입니다. 따라서 성령을 받아야 증인이 될 수 있습니다. 마침내 오순절 날! 주님께서 약속하셨던 성령이 바람 같이, 불같이 임하였습니다. 모든 사람들이 인식할 수 있도록 시각적, 청각적, 감각적으로 임하였습니다.

그렇게 성령이 임할 때 특이한 현상이 나타났습니다. 첫째는 거기에 모여 있던 모든 사람들이 성령으로 충만함을 받게 되었습니다. 둘째는 성령이 말하게 하심을 따라서 방언을 말하게 되었습니다. 셋째는 복음을 능력 있게 전하게 되었습니다. 앉은뱅이가 일어나고, 눈먼 맹인이 눈을 뜨고, 죽은 자가 살아나고, 기도의 능력이 나타나고, 서로 물건을 통용하고, 믿는 자의 수가 날마다 더해 가면서 교회가 흥왕하여 세력을 더해 갔습니다. 이것이 성령이 임한 결과였습니다. 그러므로 예수님의 증인이 되기 위해서는 성령을 받아야만 합니다.

둘째, 성령의 권능을 받아야 합니다.

사도행전 1장 8절에, "**너희가 권능을 받고**" 그랬습니다. 성령이 임하면 권능을 받습니다. 이 권능은 보통 권능이 아닙니다. 이 권능은 하늘과 땅의 권세를 묶기도 하고 풀기도 하는 권세입니다(18절). 주님은 우리에게 하늘과 땅의 엄청난 권세를 부여하시고 복음을 전파하라고 말씀하셨습니다. 예수님은 칠십인 전도대를 두 사람씩 짝을 지어서 파송을 하시고 전도하게 하셨습니다. 그들이 전도를 할 때 예수 그리스도의 이름으로 귀신이 항복하는 역사가 나타났습니다. 제자들이 신이 나서 예수님께 보고를 드렸습니다. 그때 예수님께서 사탄을 밟는 권세를 주셨다고 말씀하셨습니다.

예수 그리스도의 이름은 권세가 있습니다. 베드로와 요한이 성전 미문에 앉아있는 앉은뱅이에게 "**나사렛 예수 그리스도의 이름으로 일어나 걸으라!**" 믿음으로 명령했습니다. 그때 앉은뱅이가 걷기도 하며 뛰기도 하며 성전으로 들어

가서 하나님을 찬미하는 역사가 일어났습니다. 구걸자가 예배자가 된 것입니다. 예수 그리스도의 이름은 저주아래 놓여있는 사람을 축복의 사람이 되게 만드십니다. 예수님의 이름은 권세가 있습니다. 예수님은 우리에게 복음을 위탁하시면서 큰 권능을 부어 주십니다. 그러므로 우리가 예수님의 증인이 되기 위해서는 권능을 받아야 합니다.

셋째, 성령님께 순종해야 합니다.

성령이 임하면 권능을 받습니다. 권능을 받으면 순종하는 삶을 살게 됩니다. 그리고 성령에 의해 복음을 증거 하는 삶을 살게 됩니다. 특별히 성령을 받은 사람은 전도하는 사람이 됩니다. 그리고 성령 받은 교회 공동체는 결코 선교를 소홀히 하지 않습니다. 전도와 선교가 살아있는 교회는 부흥하고 성장하는 것을 볼 수 있습니다. 왜냐하면 전도와 선교는 교회의 본질이기 때문이며, 본질이 살아있는 교회는 주님이 기뻐하실 뿐만 아니라 부흥과 성장을 주시기 때문입니다. 우리는 누구든지 가든지 보내든지 해야 합니다. 갈 수 없으면 보내고 보낼 수 없으면 가는 것입니다. 예수님의 증인이 되기 위해서 항상 순종하는 삶을 살아야 합니다.

따라서 우리는 매일 성령님의 음성을 들어야 합니다. 순종은 나에게 이익이 될 때만 순종하는 것이 아닙니다. 순종은 불이익이 찾아와도 순종하고 손해를 봐도 순종하는 것입니다. 순종의 결과는 복을 받습니다. 그러므로 우리 그리스도인들은 항상 성령님께 순종하는 삶을 살아야 합니다. 그래야 증인된 삶을 살 수 있습니다.

함께 나누기

1. 오늘 말씀 중에 가장 마음에 남는 말씀은 무엇입니까?

2. 그 말씀이 마음에 남는 이유가 무엇입니까?

3. 오늘의 말씀을 통하여 실천해야 될 사항은 무엇입니까?

한 주간의 기도제목

나	
가정	
교회	

제37과

내 집을 채우라

성경 : 누가복음 14:15~24

찬송 : 498장, 500장

"주인이 종에게 이르되 길과 산 울타리가로 나가서 사람을 강권하여 데려다 내 집을 채우라"(23절)

오늘 본문은 예수님께서 '큰 잔치의 비유'를 가르쳐 주고 있습니다. 본문에 나오는 세 종류의 사람들은 모두 함께 공모하여 초대받은 잔치자리를 거절하였습니다. 그 잔치는 천국잔치를 의미하며 잔치를 베푼 주인은 하나님을 가리킵니다. 하나님은 우리를 천국잔치에 초대하십니다. 그리고 손님들을 강권하여 채우라고 말씀하십니다.

첫째, 밭을 샀다는 이유로 거절을 합니다.

첫 번째 사람이 초대를 받았습니다. 그런데 밭을 샀기 때문에 초대에 응할 수가 없다는 것입니다. 이 사람은 부동산 문제를 가지고 나왔습니다. 밭을 샀기 때문에 아무래도 가봐야 된다는 것입니다. 밭은 산 사람이 아무 밭이나 샀겠습니까? 밭을 살 때는 꼼꼼하게 살펴보고 샀을 것입니다.

그런데 밭을 샀기 때문에 가보아야 된다는 것은 변명을 한 것입니다. 밭은 잔치가 끝난 후에도 얼마든지 갈 기회가 있기 때문입니다. 그러므로 잔치에 참석할 수 없으니 나를 용서해 달라는 것은 자신의 거짓된 행동을 감추기 위한 하나의 술수에 불과한 것입니다.

둘째, 소를 샀다는 이유로 거절을 합니다.

두 번째 초대를 받은 사람도 역시 거절을 합니다. 그 이유는 소 다섯 겨리를 샀다는 것입니다. 소 한 겨리는 두 마리인데, 다섯 겨리면 열 마리를 산 것입니다. 이 농부는 소를 샀으니 얼마나 자랑하고 싶었겠습니까? 그리고 소 열 마리를 가지고 농사를 짓는다는 것은 부자라는 뜻입니다. 사람은 재산이 증식될 때 기뻐합니다. 이 농부도 열 마리의 소를 샀으니 얼마나 기뻤겠습니까?

그런데 자기가 산 소들이 일을 하기에 적합한지 시험을 해 보아야 된다는 것입니다. 농부가 소를 살 때는 아무 소나 사지 않습니다. 충분하게 살펴보고 샀을 것입니다. 그리고 얼마든지 잔치가 끝난 후에도 시험할 수 있는 기회가 있을 것입니다. 이 사람도 역시 변명을 하고 있으며 물질에 대한 집착을 가지고 있음을 알 수 있습니다.

셋째, 결혼을 했다는 이유로 거절을 합니다.

세 번째 사람은 장가를 들었기 때문에 잔치에 갈수 없다는 것입니다. 이 사람은 지극히 구차하고 사소한 이유를 가지고 거절합니다. 신명기에 보면 남자가 결혼 한 후에 일 년간은 그냥 집에서 쉬도록 하는 제도가 있습니다. 남자가 결혼을 해서 아내를 맞이하면, **첫째는** 군 면제를 통해서 전쟁에 참가하지 않습니다. **둘째는** 모든 공직을 내려놓습니다. **셋째는** 아내를 즐겁게 해주는 것입니다.

그런데 이 사람은 신혼이기 때문에 잔치에 참석하지 못한다는 것입니다. 아주 불손한 말투와 태도를 가지고 직설적으로 거절을 한 것입니다. 오히려 결혼한 아내를 데리고 가서 함께 참석하는 것이 아내를 기쁘게 해 주는 일이었을 것입니다. 그런데 아주 불손한 태도로 거절을 한 것입니다. 초대를 받은 사람들이 한 결 같이 공모를 하고 변명을 하면서 잔치에 참석할 것을 거절한 것입니다.

넷째, 강권하여 내 집을 채우라고 합니다.

초청을 받은 사람들이 거절을 했다는 종들의 보고를 들은 주인이 노하게 됩니다. 그래서 시내의 거리와 골목으로 나가서 가난한자들, 몸이 불편한 자들, 맹인들, 저는 자들을 초청하라고 명령합니다. 주인은 준비된 잔치를 취소할 수 없었습니다. 그래서 그때 당시 유대사회에서 버림당하고 무시당하고 천대받은 사람들을 초대하게 된 것입니다.

여기서 시내와 거리는 유대지역을 가리킵니다. 길과 산 울타리가 이방인 지역을 가리킵니다. 이방인 지역으로 가서 사람들을 강권하여 내 집을 채우라는 것입니다. 그것은 무엇을 의미할까요? 유대인들이 복음을 거부함으로 이방인들에게로 복음이 넘어간 것을 의미합니다. 복음이 소외되고 버림당한 세리들, 죄인들, 창기들에게로 넘어간 것입니다. 그리고 복음이 이방인들에게로 흘러 넘어가게 되었습니다.

여기에는 전도와 선교의 메시지가 들어있습니다. 교회는 항상 전도와 선교적인 정신을 가지고 나아가야 합니다. 우리는 잔치에 초대하는 주인의 마음을 가지고 강권하여 죽어가는 영혼들을 주님 앞으로 인도하는 충성된 종들이 되어야 합니다.

함께 나누기

1. 오늘 말씀 중에 가장 마음에 남는 말씀은 무엇입니까?
   ....
   ....
   ....

2. 그 말씀이 마음에 남는 이유가 무엇입니까?
   ....
   ....
   ....

3. 오늘의 말씀을 통하여 실천해야 될 사항은 무엇입니까?
   ....
   ....
   ....

한 주간의 기도제목

나	
가정	
교회	

제38과
증인된 삶을 살라

성경 : 사도행전 1:6~11

찬송 : 497장, 501장

"그들이 모였을 때에 예수께서 여쭈어 이르되 주께서 이스라엘 나라를 회복하심이 이때니이까 하니・이르시되 때와 시기는 아버지께서 자기의 권한에 두셨으니 너희가 알 바 아니요・오직 성령이 너희에게 임하시면 너희가 권능을 받고 예루살렘과 온 유대와 사마리아와 땅 끝까지 이르러 내 증인이 되리라 하시니라"(6-8절)

예수님은 제자들에게 지상명령을 수행하기에 앞서 아버지께서 약속하신 성령을 받으라고 말씀하십니다. 그렇지만 제자들은 여전히 세상 나라에 관심을 가지고 있었으며 또한 변화되지 않은 가치관을 가지고 있었습니다. 그래서 예수님은 세상 나라보다 더 중요한 우선순위를 가르쳐 주십니다.

첫째, 세상나라에 집착하지 않는 것입니다.

이스라엘의 회복에 온통 관심이 집중되어 있는 제자들에게 예수님께서는 예루살렘을 떠나지 말고 아버지께서 약속하신 것을 기다리라고 말씀하십니다. 그리고 성령을 선물로 받으라고 말씀하십니다. 즉 세상 나라에 집착하지 말라는 것입니다. 우리가 세상에 관심을 가져야 되겠지만 세상에 집착해서는 안 되는 것입니다.

우리 그리스도인들이 세상에 대한 책임이 없다는 말이 아닙니다. 우리 그리스도인들은 세상을 변화시켜야 될 막중한 책임을 가지고 있습니다. 그러나 집착을 해서는 안 된다는 것입니다. 우리는 분명한 정체성을 가지고 세상을 변화시켜야 될 사회적인 책임을 가지고 있습니다.

우리 그리스도인들은 열심히 돈을 벌어야 합니다. 그러나 그 목적은 하나님의 영광을 위해서 버는 것입니다. 그리고 청지기적 사명을 가지고 자녀를 잘 양육해야 합니다. 그러나 세상을 변화시키기 위한 목적을 가지고 잘 양육해야 합니다. 우리 그리스도인들은 성공해야 합니다. 그러나 세상 요소요소에서 세상을 변화시키기 위해 성공해야 합니다. 우리 그리스도인들은 건강해야 합니다. 그러나 하나님과 이웃을 섬기기 위해서 건강해야 하는 것입니다. 우리 그리스도인들은 하나님나라에 관심을 가지고 살아가야 합니다.

둘째, 땅 끝까지 주님의 증인이 되는 것입니다.

사도행전 1장 8절 말씀은 사도행전의 가장 중심 구절이 되는 말씀입니다. 8절을 중심으로 어떻게 하나님의 나라가 역동성을 가지고 전 세계로 뻗어나가는가를 보여주고 있습니다. 예수님은 이스라엘의 회복을 묻는 제자들에게 회복의 때와 시기를 말씀하신 것이 아니라 자신들이 감당해야 될 사명을 가르쳐 주십니다. 사명이 무엇이냐는 것입니다. "**오직 성령이 임하시면**"이라고 말씀하고 있습니다. 이것은 복음을 전하기 위해서는 성령을 받아야 된다는 뜻입니다.

우리가 주님의 증인된 사명을 감당하기 위해서는 성령의 권능을 받아야 합니다. 우리가 전도해야 될 대상지역이 있습니다. **첫째는** 예루살렘입니다. 예루살렘은 우리가 매일 접하고 있는 대상입니다. 우리 가족, 친척, 이웃, 그리고 교회가 예루살렘입니다. **둘째는** 온 유대지역입니다. 유대지역은 우리가 살고 있는 지역입니다. **셋째는** 사마리아지역입니다. 사마리아 지역은 소외된 지역입니다. 북한, 일본, 미워하는 사람 등은 우리의 사마리아지역입니다. **넷째는** 땅 끝입니다. 땅 끝은 복음전파의 가장 마지막 한계선입니다. 그러므로 우리는 땅 끝까지 주님의 증인된 삶을 살아야 합니다.

셋째, 재림까지 증인된 사명을 감당하는 것입니다.

부활하신 주님께서 제자들에게 중요한 사명을 맡기신 후에 그들이 보는 가운데서 하늘로 승천하셨습니다. 그때 구름이 가리어 보이지 않게 되었으며 제자들이 예수님의 승천 광경에서 시선을 떼지 못하고 자세히 바라보고 있었습니다. 그때 흰옷 입은 두 천사가 제자들에게 나타나서 예수님께서 장차 구름을 타고 재림하실 것을 가르쳐 주었습니다. 예수님께서 다시 오신다는 것입니다.

예수님은 반드시 다시 재림하십니다. 그 사실을 믿는 사람은 복된 사람입니다. 그렇다면 주님이 재림하실 때까지 우리가 감당해야 될 사명은 무엇일까요? 그것은 세상 나라에 집착하지 않고 증인된 사명을 감당하는 것입니다. 이것이 우리 그리스도인의 사명입니다. 예수님은 온 세상에 복음이 전파되는 구체적인 방법을 가르쳐 주십니다. 그것이 마태복음 28장에 나오는 예수님의 사역의 결론입니다.

그 사역의 결론은 모든 민족을 제자로 삼으라는 것입니다. 그러므로 우리 그리스도인은 성령의 권능을 받아야 합니다. 그리고 세상에 대한 집착을 버리고 주님의 충성된 증인으로 살아가야 합니다.

함께 나누기

1. 오늘 말씀 중에 가장 마음에 남는 말씀은 무엇입니까?

   ....
   ....
   ....
   ....

2. 그 말씀이 마음에 남는 이유가 무엇입니까?

   ....
   ....
   ....
   ....

3. 오늘의 말씀을 통하여 실천해야 될 사항은 무엇입니까?

   ....
   ....
   ....
   ....

한 주간의 기도제목

나	
가정	
교회	

제39과
하나님나라 군사의 자세

성경 : 여호수아 1:1~9

찬송 : 354장, 352장

"여호와의 종 모세가 죽은 후에 여호와께서 모세의 수종자 눈의 아들 여호수아에게 말씀하여 이르시되·내 종 모세가 죽었으니 이제 너는 이 모든 백성과 더불어 일어나 이 요단을 건너 내가 그들 곧 이스라엘 자손에게 주는 그 땅으로 가라"(1-2절)

오늘 본문에 보면 모세가 죽고 그의 수종자 여호수아가 모세의 뒤를 이어 지도력을 승계하게 됩니다. 리더십을 승계 받은 여호수아는 차기 지도자로서 이스라엘 백성들을 이끄는 데 두려움을 느꼈을 것입니다. 그래서 하나님 앞에 엎드려 물었을 것입니다. 그때 하나님께서 여호수아에게 이스라엘 백성들을 이끌고 요단을 건너라는 다음 단계의 명령을 내려주십니다. 여호수아에게는 군인정신과 같은 강한 정신이 필요했습니다. 우리 그리스도인들은 하나님나라의 군사들입니다. 그렇다면 하나님나라의 군사는 어떤 자세로 살아가야 합니까?

첫째, 정신적인 무장을 하고 살아야 합니다.

6절에 보면 말씀합니다. "강하고 담대 하라 너는 내가 그들의 조상에게 맹세하여 그들에게 주리라 한 땅을 이 백성에게 차지하게 하리라." 여호수아가 이스라엘 백성들을 이끌고 요단을 건너기 위해서는 강하고 담대해야만 했습니다. 그렇습니다. 우리 그리스도의 군사들은 강하고 담대해야만 합니다. 군인은 무기도 중요합니다. 훈련도 잘 되어 있어야 합니다. 그런데 전쟁의 승패를 좌우하는 핵심적인 요소가 있습니다. 그것은 곧 정신무장입니다. 군인이 아무리 훈련이 잘 되어 있어도 정신무장이 잘 되어 있지 않으면 한순간에 무너지고 마는 것입니다. 우리가 하나님나라의 군사로 부름을 받았다면 하나님의 말씀으로 강하고 담대한 정신으로 무장하며 살아가야 합니다.

하나님은 여호수아에게 말씀하십니다. "**강하고 담대하라!**" "**두려워하지 말라!**" "**놀라지 말라!**" 그 이유가 무엇입니까? 네 하나님 여호와가 너와 함께 하시기 때문이며, 네가 어디로 가든지 함께 해 주실 것이기 때문이라는 것입니다. 하나님은 우리의 든든한 배경이 되어 주십니다. 예수님은 제자들에게도 말씀하십니다. 내가 너와 세상 끝 날까지 함께 할 것이기 때문에 너희는 세상에 나가서 담대하게 모든 민족을 제자로 삼으라고 말씀하십니다. 그러므로 하나님나라의 군사는 강해야 합니다. 담대함과 침착함을 가지고 나가야 합니다. 이것이 하나님나라 군사의 기본적인 자세입니다.

둘째, 말씀의 무기를 가지고 살아야 합니다.

계속적으로 하나님께서 여호수아에게 말씀하십니다. "**오직 강하고 극히 담대하여 나의 종 모세가 네게 명령한 그 율법을 다 지켜 행하고 우로나 좌로나 치우치지 말라 그리하면 어디로 가든지 형통하리니**"(7절). 군인이 전쟁에서 싸우는데 정신무장만으로는 충분하지 않습니다. 전쟁을 승리로 이끌기 위해서는 기본적으로 훌륭한 무기가 있어야 합니다. 그런데 만약에 무기가 낡고 녹이 슬어서 탄알이 나가지 않는다거나 기술적으로 뒤떨어진 무기를 가지고 전쟁을 한다면 그 전쟁의 승패는 이미 결정이 난 것입니다. 따라서 군인이 전쟁에서 이기려면 훌륭한 무기를 가지고 싸워야 합니다.

미국 CIA 본부에서는 원격으로 조종하는 무인 공습기를 전쟁에서 사용한다고 합니다. 무인 공습기는 사람이 타고 있지 않습니다. 활주로를 소리 없이 질주하면서 날아오르고 목표물을 향해 정확하게 원격으로 공격하는 최신무기입니다. 우리의 최고의 무기는 하나님의 말씀입니다. 하나님의 말씀은 영적전쟁에서 가장 강력한 무기가 되는 것입니다.

하나님은 출애굽 광야시절에 이스라엘 백성들에게 전쟁훈련을 시키지 않으셨습니다. 40년 동안 말씀훈련과 순종훈련을 시키셨습니다. 시내산에서는 십계명과 성막의 무기를 주셨습니다. 모압 평지에서는 모세가 죽기 전까지 말씀훈련을 시키셨습니다. 우리 성도는 하나님의 말씀을 생명처럼 여기며 말씀의 강력한 무기를 가져야 합니다. 바울은 **"하나님의 말씀의 검을 가지라"**고 하였습니다. 말씀은 곧 우리 그리스도인의 강한 무기가 되는 것입니다.

따라서 우리 그리스도인들은 말씀의 무기로 단단히 무장을 하고 살아야 합니다. 하나님의 말씀의 무기를 가지고 단단히 무장하며 살아가는 성도는 어디를 가든지, 어떤 상황에서든지 승리의 삶을 살아가게 될 것입니다.

함께 나누기

1. 오늘 말씀 중에 가장 마음에 남는 말씀은 무엇입니까?

   ....
   ....
   ....
   ....

2. 그 말씀이 마음에 남는 이유가 무엇입니까?

   ....
   ....
   ....
   ....

3. 오늘의 말씀을 통하여 실천해야 될 사항은 무엇입니까?

   ....
   ....
   ....
   ....

한 주간의 기도제목

나	
가정	
교회	

10월
극복하는 신앙생활

- 하나님의 음성을 듣는 법(1)
- 하나님의 음성을 듣는 법(2)
- 하나님의 음성을 듣는 법(3)
- 하나님의 음성을 듣는 법(4)

제40과
하나님의 음성을 듣는 법(1)

성경 : 요한복음 10:1~5

찬송 : 542장, 540장

"내가 진실로 진실로 너희에게 이르노니 문을 통하여 양의 우리에 들어가지 아니하고 다른 데로 넘어가는 자는 절도며 강도요·문으로 들어가는 자는 양의 목자라·문지기는 그를 위하여 문을 열고 양은 그의 음성을 듣나니 그가 자기 양의 이름을 각각 불러 인도하여 내느니라"(1-3절)

우리가 예수를 믿고 신앙생활을 하는 데 있어서 매우 중요한 요소는 매일 주님의 음성을 듣는 것입니다. 양이 목자의 음성을 듣고 따라가야 행복한 것처럼 하나님의 자녀인 우리도 주님의 음성을 듣고 살아야 행복합니다. 우리가 듣는 소리는 귀로 듣는 소리도 있지만 영으로 듣는 소리도 있습니다. 하나님은 다양한 방법과 경로를 통해서 말씀하십니다.

첫째, 하나님은 직접적으로 말씀하십니다.

하나님께서 아브람에게 말씀하십니다. **"너는 너의 고향과 친척과 아비 집을 떠나 내가 네게 보여줄 땅으로 가라."** 그리고 **"내가 너로 큰 민족을 이루고 네게 복을 주어 네 이름을 창대하게 하리니 너는 복이 될 지라"** 고 말씀하십니다. 하나님은 아브람에게 앞으로 이루어질 미래의 청사진과 복에 대해서 말씀해 주십니다. 하나님은 말씀하시는 하나님이십니다. 장차 우리 인간이 받을 복과 비전에 대해서 말씀해 주십니다.

하나님이 어느 날 모세를 부르십니다. 모세를 부르셔서 애굽에서 고통 받고 있는 이스라엘 백성들을 구출해 내라고 말씀하십니다. 하나님은 선지자 겸 제사장인 사무엘을 부르시고 여러 가지 장래사를 말씀하십니다. 그런데 처음에는 하나님의 음성을 잘 분별하지 못하였습니다. 그렇다면 왜 사무엘이 하나님의 음성을 분별하지 못했을까요?

첫째는, 사무엘이 너무 어렸기 때문입니다. **둘째는**, 사무엘이 하나님의 음성을 듣는 훈련을 아직 받지 못했기 때문입니다. **셋째는**, 사무엘이 하나님의 음성을 듣는 경험이 없었기 때문입니다.

하나님의 음성을 듣는 법은 거듭할수록 익숙해집니다. 처음에는 실수할 수도 있습니다. 그러나 매일 말씀 묵상을 통해서 훈련을 하면 하나님의 음성을 듣는 일에 익숙해지게 됩니다. 사무엘은 어두운 시대에 징검다리 역할을 하는 훌륭한 영적지도자가 되었습니다. 하나님은 이 시대에도 동일하게 말씀하시는데 때로는 직접적으로 말씀하기도 하십니다. 그런데 하나님은 절대로 성경말씀과 배치되게 말씀하지 않습니다.

둘째, 하나님은 성경을 통해서 말씀하십니다.

하나님은 성경을 통해서 말씀하시고 음성을 들려주십니다. 그래서 하나님은 이스라엘 왕들 곁에 항상 성경책을 두라고 말씀하셨습니다. 우리는 우리가 가지고 있는 성경을 귀하게 여겨야 합니다. 성경은 하나님의 말씀입니다. 따라서 우리는 매일 영적인 양식인 하나님의 말씀을 먹어야 하며 동시에 성경을 통하여 하나님의 음성을 듣고 인도함을 받아 나가야 합니다.

사도 요한은 하나님의 말씀을 듣는 자가 복이 있다고 했습니다. 말씀을 통해서 하나님의 음성을 들으면 행복해지는 것입니다. 왜냐하면 우리가 매일 하나님의 인도하심을 받아 나갈 수 있기 때문입니다.

하나님의 일은 신중하고 또 신중해야 합니다. 하나님의 일은 열 번 생각하고 열 번 기도해야 합니다. 기도하고 또 기도해야 합니다. 하나님께 묻고 또 물어야 합니다. 그리고 중요한 일일수록 금식하며 하나님께 기도하며 나가야합니다. 그리고 매일 하나님의 음성을 들어야 합니다. 하나님의 일은 결과도 중요하지만 과정도 중요합니다.

하나님의 일은 급한 것이 아니라 중요한 것입니다. 하나님의 일은 믿음과 기도와 은혜와 지혜가 필요합니다. 그러므로 날마다 하나님 앞에 무릎을 꿇고 들려주시는 음성에 따라 순종하는 삶을 살아갈 때 올바른 인도함을 받아나가게 될 것입니다.

우리가 하나님의 음성을 듣는 것을 신비주의로 오해해서는 안 됩니다. 우리가 꼭! 기억해야 될 말씀은 그 어떤 하나님의 음성도 성경과 어긋나게 말씀하지 않으신다는 것입니다. 만약에 성경의 원칙에서 벗어난 것이라면 그것은 잘못된 것입니다. 하나님은 성령의 감동으로 기록된 하나님의 말씀을 통하여 우리에게 음성을 들려주십니다.

함께 나누기

1. 오늘 말씀 중에 가장 마음에 남는 말씀은 무엇입니까?

2. 그 말씀이 마음에 남는 이유가 무엇입니까?

3. 오늘의 말씀을 통하여 실천해야 될 사항은 무엇입니까?

한 주간의 기도제목

나	
가정	
교회	

제41과
하나님의 음성을 듣는 법(2)

성경 : 사도행전 13:1~3

찬송 : 38장, 540장

"안디옥 교회에 선지자들과 교사들이 있으니 곧 바나바와 니게르라 하는 시므온과 구레네 사람 루기오와 분봉 왕 헤롯의 젖동생 마나엔과 및 사울이라・주를 섬겨 금식할 때에 성령이 이르시되 내가 불러 시키는 일을 위하여 바나바와 사울을 따로 세우라 하시니"(1-2절)

오늘 본문에는 이방선교의 본부역할을 했던 안디옥교회가 나옵니다. 안디옥교회는 이방선교를 위한 매우 중요한 위치를 차지하고 있는 교회입니다. 교회의 리더들이 비밀리에 모여서 함께 예배하며 금식으로 기도하면서 하나님의 뜻을 구했을 때 성령님께서 음성을 들려주십니다. 하나님은 어떤 경로들을 통하여 말씀하십니까?

첫째, 성령님의 내적인 확신을 통해서 말씀하십니다.

안디옥교회 리더들이 한자리에 모였습니다. 리더들이 예배를 드리며 금식하면서 기도를 드리고 있을 때 성령님께서 말씀하신 것입니다. 내가 불러 시키는 일을 하라는 성령님의 음성을 듣게 됩니다. 교회의 일은 내 생각이나, 내 계획이나, 내 야망이나, 내 꿈을 펼치는 것이 아니라 하나님이 불러 시키는 일을 하는 것입니다. 하나님의 부르심을 받고 하나님이 시키는 일을 해야 합니다.

찬양대, 교사, 교역자, 장로, 권사, 집사 등의 모든 직분도 마찬가지입니다. 하나님의 부르심을 받고 하나님이 시키는 일을 하며 그분의 뜻을 이루어가는 것입니다.

그렇다면 하나님이 불러 시키는 일이 무엇일까요? 그것은 바나바와 사울을 따로 세우는 것입니다. 선교의 특별한 목적을 가지고 따로 구별하여 세우라는 것입니다. 바나바와 사울을 따로 세워서 선교사로 파송하라고 하는 중요한 메시지를 듣게 됩니다. 교회의 사역은 사람을 세우는 사역입니다. 교회의 힘은 얼마만큼 신실한 사람들을 세우느냐에 달려있습니다. 교회에 영향력 있는 사람들이 세워지면 놀라운 역사가 일어나게 될 것입니다. 바나바와 사울과 같은 두 사람만 있어도 우리가 섬기는 교회뿐만 아니라 한국교회의 영적인 판도가 바뀌게 될 것입니다.

미래가 있는 교회가 되기 위해서는 사람들이 세워져야 합니다. 주님을 위해서 살고 주님을 위해서 죽을 수 있고 함께 비전을 공유할 수 있는 신실한 사람들이 세워져야 합니다. 사도행전 16장에 보면 바울과 그 일행들이 성령님의 음성을 듣고 믿음으로 순종하게 됩니다. 그 순종의 발걸음은 유럽의 영적지도를 바꾸는 역사를 일으키게 됩니다. 이렇게 성령님은 내적인 확신을 통해서 우리에게 말씀해 주십니다.

둘째, 신실한 믿음의 사람들을 통해서 말씀하십니다.

하나님은 신앙적인 사람들을 통해서 말씀해 주십니다. 히브리서에 보면 구약의 수많은 선지자들이 나옵니다. 하나님은 구약의 수많은 선지자들을 통하여 **'여러 부분과 여러 모양으로'**(히 1:1) 말씀해 주셨습니다. 하나님은 미디안 광야에서 양을 치고 있는 모세를 부르시고 호렙산 가시떨기나무 불꽃가운데서 모세를 만나주셨습니다. 호렙산 가시떨기나무는 광야에서 주목받지 못하고 아주 볼품없게 자라는 나무인데, 그 모습은 마치 애굽에서 고난 받고 있는 이스라엘 백성들을 상징해 주고 있는 나무이기도 합니다. 하나님은 그 가시떨기나무 가운데서 내 백성을 구출해 내라는 음성을 들려주십니다.

고통 속에서 희망을 노래하고 평생 동안 용서와 화해의 복음을 전했던 코리텐 붐 여사는 나치 치하 라벤스부르크 포로수용소에서 수감생활을 할 때 침대 밑에 기어 다니는 개미를 통해서도 하나님의 음성을 듣게 되었습니다. 우리는 믿음의 사람들을 통해서도 하나님의 음성을 듣게 됩니다. 그러나 때로는 믿지 않는 사람을 통해서도 음성을 들을 때가 있습니다.

바사왕 고레스는 하나님을 믿지 않는 왕이었지만 하나님은 고레스를 통해서도 말씀해 주십니다. 유다백성들을 본국으로 돌아가도 좋다는 허락을 해 주며 성전도 지으라고 허락을 해 줍니다. 그래서 고레스 왕은 하나님의 역사를 이루어가는 축복의 통로로 쓰임 받게 됩니다.

그런데 종종 하나님의 음성이라고 속이는 경우도 있습니다. 그러므로 우리는 하나님의 음성을 잘 분별해야만 합니다. 하나님의 음성은 반드시 내면에 기쁨과 감사와 평강의 열매를 맺게 됩니다. 하나님은 다양한 방법과 다양한 경로를 통해서 말씀해 주십니다. 그리고 자신의 음성을 듣는 사람을 찾으시며 자신의 음성을 듣고자 갈망하는 사람들을 사용하십니다.

함께 나누기

1. 오늘 말씀 중에 가장 마음에 남는 말씀은 무엇입니까?

2. 그 말씀이 마음에 남는 이유가 무엇입니까?

3. 오늘의 말씀을 통하여 실천해야 될 사항은 무엇입니까?

한 주간의 기도제목

나	
가정	
교회	

제42과
하나님의 음성을 듣는 법(3)

성경 : 창세기 24:1~6
찬송 : 542장, 538장

"아브라함이 나이가 많아 늙었고 여호와께서 그에게 범사에 복을 주셨더라 · 아브라함이 자기 집 모든 소유를 맡은 늙은 종에게 이르되 청하건대 내 허벅지 밑에 네 손을 넣으라"(1-2절)

어떤 일을 내가 결정하면 내가 책임져야 합니다. 그러나 하나님이 결정 하시면 하나님이 책임져 주십니다. 우리가 하나님의 음성을 듣지 않고 결정하면, 첫째는 지름길로 가지 못하고 광야에서 돌듯이 돌게 됩니다. 둘째는 그만한 대가를 지불받게 됩니다. 따라서 우리가 하나님의 음성을 들으며 사는 것은 우리의 행복과 직결되는 것입니다.

첫째, 하나님은 환경을 통해서 말씀하십니다.

창세기 24장에 보면 아브라함이 아들 이삭의 배우자를 선택하는 중요한 임무를 자기 소유를 맡은 종 엘리에셀에게 맡겨 줍니다. 아브라함의 허벅지에 손을 넣고 종에게 맹세를 하게 합니다. 첫째는 이삭의 배우자를 가나안 여자 중에서 얻지 말고 아브라함의 고향 하란에 있는 친족 중에서 선택할 것을 맹세하게 합니다. 둘째는 아들 이삭을 고향 땅으로 데리고 가지 말고 가나안 땅에서 정착하게 할 것을 맹세하게 합니다. 가나안을 떠나서는 안 된다는 것입니다. 왜냐하면 가나안은 하나님께서 아브라함에게 주신 기업의 땅이며, 또한 후손들이 민족을 이루고 번성하게 될 땅이기 때문에 절대로 떠나서는 안 된다는 것입니다.

그래서 아브라함이 시킨 대로 종이 메소포타미아에 있는 나홀의 성에 가서 이삭의 아내를 얻기 위해 하나님께 인도를 구합니다. 그런데 종이 기도한대로 하나님께서 순적하게 환경을 열어주셔서 하나님께서 예비하신 이삭의 배필을 얻어서 돌아옵니다. 하나님께서 그 종에게 정확한 인도하심을 주신 것입니다. 그래서 그 종이 순적하게 인도해 주신 하나님께 머리를 숙여 경배를 드리게 됩니다.

이렇게 하나님은 우리에게 말씀하실 때 어떤 상황들을 통해서 말씀해 주십니다. 우리는 어떤 상황이나 환경이나 사건이 일어날 때 하나님께 물어야 합니다. "하나님! 저에게 말씀하시고자 하는 것이 무엇입니까?" "저에게 가르쳐 주시고자 하는 것이 무엇입니까?" "말씀해 주십시오!" "종이 듣겠습니다!" "순종하겠습니다!" 그러면 하나님께서 여러 가지 경로를 통해서 말씀해주십니다. 엘리야는 하나님의 산 호렙에서 하나님의 음성을 들을 때 세미한 음성을 통하여 수행해야 될 임무를 받게 됩니다. 이렇게 하나님은 여러 가지 환경을 통해서 말씀해 주십니다.

둘째, 사람의 양심을 통해서 말씀하십니다.

요셉은 형들의 미움을 사서 애굽의 노예로 팔리게 됩니다. 그리고 급기야는 애굽 사람 보디발의 집에서 약 10년 동안 종살이를 하게 됩니다. 아버지의 총애를 받던 요셉이 하루아침에 종으로 전락해 버린 것입니다. 그런데 요셉이 성실함을 인정받고 애굽 사람의 집안 살림을 총책임을 맡는 사람이 되었습니다. 그런데 그 주인의 아내의 유혹으로 인하여 고난을 당하게 됩니다. 주인의 아내가 유혹을 해 올 때에 거절을 한 것입니다. **"그런즉 내가 어찌 이 큰 악을 행하여 하나님께 죄를 지으리이까?"** 그 대가로 요셉이 3년이나 옥고를 치르게 됩니다.

모세의 율법 제7계명에 보면 **'간음하지 말라'**고 명령하고 있는데 요셉은 모세의 율법이 주어지기 약 200년 전에 이미 간음은 죄라고 하는 양심의 소리를 듣습니다. 하나님은 우리 몸의 기능 가운데 하나인 양심을 통해서 말씀해 주신다는 것입니다. 그래서 바울은 디모데전서 1장에서 '청결한 양심을 가지라'고 가르쳐주고 있습니다. 믿음의 사람들은 청결한 양심을 가져야합니다. 청결한 양심을 계속 유지할 때 양심이 화인 맞지 않고 살아있는 양심을 유지할 수 있습니다. 그리고 살아있는 양심을 가질 때 하나님의 음성을 들을 수 있습니다. 하나님은 깨끗한 양심과 살아있는 양심을 가진 사람을 통해서 말씀하십니다.

우리가 하나님의 음성을 듣고자 귀를 기울이면 하나님께서 말씀해 주시고 우리를 인도해 주십니다. 우리는 가정을 이끌 때도, 자녀를 양육할 때도, 기업을 운영할 때도, 교회를 섬길 때도, 하나님의 음성을 듣고 순종하는 자세로 살아야 합니다. 하나님이 사용하시는 사람은 하나님의 음성을 듣고 그분의 뜻에 순종하는 사람입니다.

함께 나누기

1. 오늘 말씀 중에 가장 마음에 남는 말씀은 무엇입니까?

2. 그 말씀이 마음에 남는 이유가 무엇입니까?

3. 오늘의 말씀을 통하여 실천해야 될 사항은 무엇입니까?

한 주간의 기도제목

나	
가정	
교회	

제43과
하나님의 음성을 듣는 법(4)

성경 : 로마서 1:19~20
찬송 : 543장, 529장

"이는 하나님을 알 만한 것이 그들 속에 보임이라 하나님께서 이를 그들에게 보이셨느니라·창세로부터 그의 보이지 아니하는 것들 곧 그의 영원하신 능력과 신성이 그가 만드신 만물에 분명히 보여 알려졌나니 그러므로 그들이 핑계하지 못 할지니라"(19-20절)

우리가 하나님의 음성을 듣지 못하고 우리의 생각대로 살면 그만큼 대가를 지불하게 됩니다. 그러나 하나님의 음성을 듣고 행하면 그 인생이 하나님을 기쁘시게 해드릴 뿐만 아니라 풍성하고 행복한 삶을 살게 됩니다. 어떻게 하나님의 음성을 들을 수 있습니까?

첫째, 하나님은 자연만물을 통해서 말씀하십니다.

로마서 1장에서는 하나님께서 창조하신 자연만물 속에는 하나님의 영원하신 능력과 신성이 나타나 보인다고 말씀하셨습니다. 하나님께서 창조하신 자연만물에는 하나님의 신성이 깃들어 있다는 것입니다. 예수님은 들의 백합화가 어떻게 자라는가 보라고 말씀하셨습니다. 길쌈도 하지 않고 수고도 하지 않지만 하나님께서 돌보신다는 것입니다.

즉 하나님께서 창조하신 들꽃 하나도 하나님이 돌보시며, 또한 하나님의 섬세하신 창조의 손길과 신성이 깃들어 있다는 것입니다. 따라서 우리는 하나님께서 창조하신 모든 자연만물을 통해서도 살아계신 하나님을 볼 수 있습니다. 우리 인간의 모습 속에도 하나님의 형상, 즉 하나님의 신성이 깃들어 있습니다. 하나님은 신성이 깃든 하나님의 창조세계를 통해서도 말씀하시는 통로로 사용하십니다.

시편 19편에 말씀하고 있습니다. "하늘이 하나님의 영광을 선포하고 궁창이 그의 손으로 하시는 일을 나타내시는도다 날은 날에게 말하고 밤은 밤에게 지식을 전하니 언어도 없고 말씀도 없으며 들리는 소리도 없으나 그의 소리가 온 땅에 통하고 그의 말씀이 세상 끝까지 이르도다 하나님이 해를 위하여 하늘에 장막을 베푸셨도다"(1-4절).

우리는 밤하늘에 반짝 반짝 빛나는 별들을 통해서도 오묘하신 하나님의 창조의 섭리를 발견하게 되며 하나님의 음성을 듣게 됩니다. 그래서 바울은 하나님께서 창조하신 모든 자연만물 속에는 하나님을 알만한 신성이 보인다고 기록하고 있습니다. 따라서 우리는 대자연을 통해서도 하나님의 살아계심을 발견할 수 있으며, 마지막 심판 때에 누구도 하나님을 알지 못한다고 핑계하지 못할 것입니다. 그러므로 우리는 자연만물을 통해서 말씀하시는 하나님의 음성을 들어야 합니다.

둘째, 하나님은 꿈과 환상을 통해서 말씀하십니다.

창세기 28장에는 야곱이 꿈을 꾸는 내용이 나옵니다. 형 에서의 장자권을 가로 챈 야곱이 하란으로 도망을 치다 밤이 되어 한 장소에서 돌베개를 하고 잠을 자게 되었습니다. 그런데 그날 밤 꿈을 꾸게 된 것입니다. 그 꿈속에서 사닥다리가 하늘까지 닿았는데 그 사닥다리에 하나님의 사자들이 오르락내리락 한 것을 본 것입니다. 그리고 그 위에서 하나님의 음성이 들려온 것입니다. 야곱이 꿈속에서 장차 민족에 대한 번성과 하나님이 함께 해주실 것이라는 음성을 듣게 된 것입니다. 이렇게 하나님은 꿈을 통해서도 말씀해 주십니다.

그러나 꿈이라고 해서 다 하나님께서 주신 꿈이 아닙니다. 어떤 꿈은 사탄이 주는 꿈도 있습니다. 어떤 꿈은 별의미가 없는 꿈도 있습니다. 하나님이 주신 꿈은 마음에 평강이 주어지며, 삶에 경각심을 불러일으키고, 오래 기억되며 교훈을 줍니다. 그것은 하나님이 주신 꿈일 가능성이 많습니다. 하나님은 이렇게 꿈을 통해서도 말씀해 주십니다. 성경에 나오는 요셉, 솔로몬, 다니엘 등과 같은 사람들도 하나님이 주신 꿈을 꾸었습니다. 그리고 빌라도의 아내도 꿈을 통해서 하나님의 계시를 전달 받았습니다.

그리고 또한 하나님은 환상을 통해서도 말씀해 주십니다. 다니엘이 환상을 통해서 왕의 꿈을 깨달아 알게 됩니다. 바울은 환상을 통해서 사역의 방향을 바꾸게 됩니다. 베드로나 고넬료도 환상을 통해서 이방선교의 문을 열게 됩니다. 이렇게 하나님은 꿈이나 환상을 통해서 말씀해 주시며 우리가 나아갈 방향을 제시해 주십니다. 우리가 영의 귀를 열고 하나님의 음성을 듣고자 갈망하면 하나님의 음성을 들을 수 있습니다. 그러므로 우리는 하나님의 정확한 음성을 듣고 하나님이 원하시고 기뻐하시는 삶을 살아갈 뿐만 아니라 하나님의 뜻을 이루어 드리는 삶을 살아야 합니다.

함께 나누기

1. 오늘 말씀 중에 가장 마음에 남는 말씀은 무엇입니까?
   ....
   ....
   ....
   ....

2. 그 말씀이 마음에 남는 이유가 무엇입니까?
   ....
   ....
   ....
   ....

3. 오늘의 말씀을 통하여 실천해야 될 사항은 무엇입니까?
   ....
   ....
   ....
   ....

한 주간의 기도제목

나	
가정	
교회	

11월
감사하는 신앙생활

- 나를 기념하라
- 여호와로 인한 감사
- 전심으로 감사하라
- 선하신 하나님께 감사하라

제44과
나를 기념하라

성경 : 고린도전서 11:23~29

찬송 : 261장, 198장

"내가 너희에게 전한 것은 주께 받은 것이니 곧 주 예수께서 잡히시던 밤에 떡을 가지사·축사하시고 떼어 이르시되 이것은 너희를 위하는 내 몸이니 이것을 행하여 나를 기념하라 하시고·식후에 또한 그와 같이 잔을 가지시고 이르시되 이 잔은 내 피로 세운 새 언약이니 이것을 행하여 마실 때마다 나를 기념하라 하셨으니"(23-25절)

예수님께서 십자가에서 죽으시기 직전에 제자들에게 매우 중요한 한 가지를 전해 주신 것이 있는데 그것이 바로 성만찬입니다. 성만찬은 예수님이 재림하실 때까지 계속적으로 행하라고 명령하신 것이며 주님의 죽으심을 전파하는 것입니다. 그런데 고린도교회는 애찬과 성만찬의 본질이 변질 되어버렸습니다. 그래서 바울은 고린도교회를 향하여 책망하는 편지를 쓴 것입니다. 그렇다면 바울을 통해서 가르쳐 주고 있는 예수님의 유월절 성만찬은 어떤 의미가 있습니까?

첫째, 성만찬은 그리스도의 몸을 기념하는 것입니다.

바울은 23절과 24절에서 이렇게 말씀하고 있습니다. "내가 너희에게 전한 것은 주께 받은 것이니 곧 주 예수께서 잡히시던 밤에 떡을 가지사 축사하시고 떼어 이르시되 이것은 너희를 위하는 내 몸이니 이것을 행하여 나를 기념하라 하시고"(23,24절). 예수님이 십자가에 달리시기 위하여 겟세마네 동산에서 붙잡히시기 전에 떡을 가지고 축사하셨습니다. 축사를 하신 것은 하나님께 감사를 드렸다는 뜻입니다.

감사는 하나님의 뜻입니다. 우리가 감사할 수 없는 상황 속에서 감사할 때 기적이 일어납니다. 예수님은 자신을 팔아넘길 가룟 유다 앞에서도 감사하셨습니다. 죽음을 앞에 두시고도 감사하셨습니다. 예수님께서 자신의 몸을 상징하는 떡을 떼어주시면서 주님을 기념하라고 말씀하셨습니다. 그래서 우리는 주님이 오실 때까지 떡을 떼면서 주님의 몸을 기념하는 성만찬에 참여하는 것입니다. 그리고 그리스도 안에서 한 몸인 것을 확인하는 것입니다. 이와 같이 성만찬은 예수님의 몸을 기념하는 것입니다.

둘째, 성만찬은 그리스도의 피를 기념하는 것입니다.

바울은 25절, 26절에 말씀하고 있습니다. "**식후에 또한 그와 같이 잔을 가지시고 이르시되 이 잔은 내 피로 세운 새 언약이니 이것을 행하여 마실 때마다 나를 기념하라 하셨으니 너희가 이 떡을 먹으며 이 잔을 마실 때마다 주의 죽으심을 그가 오실 때까지 전하는 것이니라.**" 예수님이 이제 곧 있으면 유대 지도자들에게 붙잡혀 갈보리 산 십자가 위에서 피를 흘리며 죽으실 때가 임박해 왔습니다. 그때 예수님은 그 피를 기념하는 성만찬을 거행하신 것입니다.

포도주 잔은 예수님의 피로 세운 새 언약입니다. 과거에 시내 산에서는 모세를 통하여 짐승의 피로 옛 언약을 세웠습니다. 그러나 이제는 흠 없고 완전하신 예수님의 피로 세우는 새 언약을 주신 것입니다. 그래서 너희가 이 잔을 마실 때마다 나를 기념하라고 하셨습니다. 어떤 분들은 포도주 잔을 들고 마실 때, "올해는 설탕이 많이 들어갔구나!" "포도주가 잘 발효되었구나!" 이런 것들을 묵상하는 분들도 있습니다. 그러나 주님께서 십자가에서 피 흘리신 보배로운 피를 기억하며 묵상하면 믿음의 회복과 함께 기쁨과 감사와 용서가 회복되는 역사가 일어나게 될 것입니다.

셋째, 성만찬은 자신을 살피는 시간입니다.

떡은 예수님의 몸을 상징합니다. 잔은 예수님의 피를 상징합니다. 성만찬은 주님의 죽으심을 재림 때까지 기념하는 것입니다. 예수님이 재림하신 이후에는 이제 더 이상의 성만찬이 필요하지 않습니다. 왜냐하면 천국에서는 어린양의 혼인잔치가 배설될 것이기 때문입니다. 따라서 성만찬은 천국에서 어린양의 혼인잔치의 그림자와 같은 것입니다.

그러나 주님이 오실 때까지 우리는 성만찬을 거행해야 합니다. 그 이유는 성만찬을 통해서 예수님을 전파하는 것이기 때문입니다. 그리고 성만찬에 임할 때 중요한 것은 자신을 살피는 것입니다. 성만찬을 우습게 여겨서는 안 됩니다. 고린도교회는 성만찬을 우습게 여기는 죄를 범하고 말았습니다. 우리는 다툼이 있는 곳에 연합을, 미움이 있는 곳에 사랑을, 불평이 있는 곳에 감사를, 상처가 있는 곳에 치유를, 시기와 질투가 있는 곳에 너그러움이 있게 해 달라고 기도하는 자세로 우리 자신을 살피며 성찬에 임해야 할 것입니다. 그래서 우리 자신을 온전하게 할 뿐만 아니라 온전한 공동체를 세워 나가야 할 것입니다.

함께 나누기

1. 오늘 말씀 중에 가장 마음에 남는 말씀은 무엇입니까?

2. 그 말씀이 마음에 남는 이유가 무엇입니까?

3. 오늘의 말씀을 통하여 실천해야 될 사항은 무엇입니까?

한 주간의 기도제목

나	
가정	
교회	

제45과
여호와로 인한 감사

성경 : 하박국 3:16~19

찬송 : 587장, 591장

"비록 무화과나무가 무성하지 못하며 포도나무에 열매가 없으며 감람나무에 소출이 없으며 밭에 먹을 것이 없으며 우리에 양이 없으며 밭에 먹을 것이 없으며 우리에 양이 없으며 외양간에 소가 없을지라도·나는 여호와로 말미암아 즐거워하며 나의 구원의 하나님으로 말미암아 기뻐하리로다"(17-18절)

본문은 하박국 선지자의 예언의 내용입니다. 그 예언은 좋은 소식이 아니라 두렵고 떨리게 만드는 소식들입니다. 창자가 흔들리고 입술이 떨리고 뼈가 썩는 것과 같은 고통스런 소식을 들은 것입니다. 이제 남 유다가 얼마 있지 않으면 바벨론 침략을 받아서 나라가 황폐화 될 것이라는 소식입니다. 그럼에도 불구하고 하박국 선지자는 자신이 처한 상황에 대하여 하나님께 감사하겠다는 신앙을 고백하고 있습니다. 하박국 선지자는 구체적으로 어떤 감사를 하고 있습니까?

첫째, 하나님으로 인하여 감사하겠다고 고백합니다.

고대의 전쟁에서는 승리한 나라가 전리품을 취해 갑니다. 그리고 성벽도 헐고 유실수도 베어버리고 먹을 식량도 빼앗아 갔으며 가축과 사람까지도 붙잡아 갑니다. 그래서 전쟁을 한번 치르고 나면 나라가 황폐화될 뿐만 아니라 모든 것을 잃게 됩니다. 그래서 전쟁은 비참한 것입니다. 장차 강대국 바벨론이 쳐들어온다는 것입니다. 그래서 무화과나무가 무성치 못할 것이며, 감람나무에 소출이 없을 것이고, 밭에 먹을 것이 없을 것이고, 우리에 양이 없을 것이고, 외양간에 소가 없을 것이라는 것입니다. 그럴지라도 하박국 선지자는 여호와로 인하여 기뻐할 것이며 감사하겠다는 고백을 하고 있습니다.

우리가 평소에 말하는 '말'에는 큰 힘이 있습니다. 특별히 "감사합니다!" 이 감사의 말속에는 생명의 요소가 들어있습니다. 언어도 생명의 언어가 있습니다. 생명의 언어로 감사를 하면 기적의 역사가 일어납니다. 예수님도 생명의 언어를 사용하셨습니다. 회당장의 딸이 죽었을 때 "죽었다!"라고 말씀하지 않으시고 **"잔다!"**라고 말씀하셨습니다. 그리고 **"소녀야 일어나라!"** 그렇게 생명의 언어를 사용하실 때 소녀가 살아나게 되었습니다.

나사로가 병 들었을 때도 "그 병은 죽을병이 아니다!" "네 오라비가 살아날 것이다!"고 말씀하셨습니다. 무덤 앞에서도 **"아버지여 내 말을 들으신 것을 감사하나이다!" "나사로야 나오라!"** 그렇게 감사로 생명의 언어를 선포하실 때 무덤에서 살아나오게 되었습니다. 예수님의 오병이어의 기적도 마찬가지입니다. 보리떡 다섯 개와 생선 두 마리를 가지고 하나님께 감사를 드렸습니다. 그랬더니 수 만 명에게 떡을 떼어도 모자라지 않는 기적이 일어났습니다. 생명의 언어인 감사의 언어를 사용하면 기적을 경험하게 됩니다.

둘째, 승리자의 위치에 올려주실 하나님께 감사의 고백을 합니다.

하박국 선지자는 성전에서 봉사하던 레위지파 출신의 찬양대원 이었습니다. 그는 수금을 연주하면서 이렇게 노래하고 있습니다. **"주 여호와는 나의 힘이시라!"** 여호와께서 나의 힘이 되어 주신다는 것입니다. 다윗은 원수들의 손에서 건짐을 받았을 때 이렇게 노래합니다. 나의 힘이 되신 여호와여 내가 주를 사랑합니다. 여호와는 나의 반석이십니다. 여호와는 나의 요새이십니다. 여호와는 나를 건지시는 분입니다. 여호와는 나의 피할 바위이십니다. 여호와는 나의 방패이십니다. 여호와는 나의 구원의 뿔이십니다. 여호와는 나의 산성이십니다. 다윗은 이렇게 자신을 구원해 주신 하나님께 감사로 사랑을 고백하고 있습니다.

하박국 선지자는 계속적으로 고백을 합니다. 주 여호와는 나의 힘이 되십니다. 나의 발을 사슴처럼 가볍게 하시고 뛰게 하시며 높은 곳으로 다니게 하신다고 고백하고 있습니다. 하나님이 힘이 되셔서 사슴 발처럼 가볍게 하시고 높은 곳으로 다니게 하신다는 것입니다. 이 말씀은 하나님께서 우리를 승리자의 위치로 높이 끌어올려 주신다는 뜻입니다.

낮은 자리에서 높은 자리로, 비천한 자리에서 존귀한 자리로, 절망의 자리에서 소망의 자리로, 낙심의 자리에서 용기의 자리로, 실패의 자리에서 승리의 자리로, 불평의 자리에서 감사의 자리로 끌어올려 주신다는 것입니다.

하나님은 우리의 힘이 되십니다. 그 힘을 가지고 사슴 발처럼 어떤 문제도 뛰어 넘고, 광야와 같은 문제도 뛰어 넘고, 바다와 같은 문제도 뛰어 넘고, 거대한 산과 같은 문제도 뛰어 넘어야 합니다. 그리고 승리자의 위치로 끌어올려주시는 하나님으로 인하여 감사하며 살아가야 할 것입니다.

함께 나누기

1. 오늘 말씀 중에 가장 마음에 남는 말씀은 무엇입니까?

2. 그 말씀이 마음에 남는 이유가 무엇입니까?

3. 오늘의 말씀을 통하여 실천해야 될 사항은 무엇입니까?

한 주간의 기도제목

나	
가정	
교회	

제46과
전심으로 감사하라

성경 : 시편 138:1~2
찬송 : 589장, 590장

"내가 전심으로 주께 감사하며 신들 앞에서 주께 찬송하리이다 · 내가 주의 성전을 향하여 예배하며 주의 인자하심과 성실하심으로 말미암아 주의 이름에 감사하오리니 이는 주께서 주의 말씀을 주의 모든 이름보다 높게 하셨음이라"(1-2절)

성경에 나오는 대표적인 절기 가운데 하나는 맥추절입니다. 맥추절은 전반기의 처음 익은 곡식을 거두게 하신 하나님께 감사를 드리는 절기입니다. 출애굽기에서 남자는 매년 세 번의 절기를 지키라고 명령하고 있습니다. 즉 유월절, 칠칠절, 장막절을 지키라고 하였습니다. 본 시편에 나오는 다윗은 하나님의 어떤 성품에 기초하여 감사를 드리고 있습니까?

첫째, 인자하신 성품을 인하여 감사드립니다.

다윗은 하나님의 인자하신 성품을 인하여 감사드리고 있습니다. 여기서 하나님의 인자하심은 '하나님의 사랑'을 가리키며 히브리어의 '헤세드'는 자기 백성을 향한 '언약적인 사랑'을 의미합니다. 하나님께서 우리를 향한 가장 큰 사랑은 죄 가운데서 구원해 주신 사랑입니다. 성경에서 가장 많은 감사를 했던 사람 중에 한 사람은 아마도 다윗일 것입니다. 시편에 보면 다윗은 무수히 많은 감사를 드리고 있는 모습을 보여줍니다. 기쁠 때도 감사를 드리고, 슬플 때도 감사를 드리고, 고난을 당할 때도 감사를 드리고, 감사할 수 없는 상황 가운데서도 감사를 드리고 있습니다. 진정한 감사는 감사할 수 없는 상황 속에서도 감사를 드리는 것입니다. 감사의 습관은 좋은 습관이며 감사를 많이 할수록 플러스 인생이 됩니다.

감사는 기적을 불러일으킵니다. 반대로 원망과 불평은 순식간에 인생을 사막으로 만들어 버립니다. 그러나 감사를 하면 행복해집니다. 감사를 하면 치유가 일어납니다. 감사를 하면 회복이 일어납니다. 감사를 하면 주변이 밝아집니다. 감사를 하면 어둠의 세력이 물러갑니다. 감사를 하면 하나님의 영광이 나타납니다. 감사가 많은 교회는 행복한 교회입니다.

그런데 감사를 잃어버리게 하는 독소적인 요소가 있습니다. 그것은 비교의식입니다. 우리의 감사가 지속되기 위해서는 우리의 시선과 마음과 생각을 하나님께 고정시켜야 합니다. 그럴 때 어떤 상황 가운데서도 감사할 수 있게 됩니다. 바울은 아무것도 염려하지 말라고 기록하고 있습니다. 염려하지 않는 방법은, 첫째 기도와 간구로 나가는 것입니다. 둘째는 감사로 나가는 것입니다. 기도와 간구와 감사로 나갈 때 감사하는 상황이 주어지고 평강이 주어지게 됩니다. 그러므로 우리는 하나님의 인자하신 성품에 기초하여 감사하는 삶이 되어야 합니다.

둘째, 성실하신 성품을 인하여 감사드립니다.

다윗은 하나님의 성실하신 성품을 인하여 감사드리고 있습니다. 하나님은 얼마나 신실하신지 그분의 성품은 영원부터 영원까지 이릅니다. 다윗은 그 하나님의 성품에 감사를 드리고 있습니다. 우리는 변덕이 심합니다. 우리의 마음도 변하고, 우리의 약속도 변하고, 우리의 사랑도 변합니다. 그러나 하나님의 신실하심은 영원부터 영원까지 이릅니다. 하나님은 우리를 영원토록 버리지 않습니다. 우리의 구원도 영원한 것입니다. 그것은 하나님의 신실하신 성품 때문입니다.

바울은 **골로새서 3장 15절**에서 **"너희는 또한 감사하는 자가 되라"**고 하였습니다. 예수님은 감사할 때 오병이어의 기적이 일어났습니다. 어린아이가 가지고 온 보리떡 다섯 개와 물고기 두 마리를 가지고 감사할 때 기적이 일어났습니다. 감사는 기적을 불러일으키기 때문입니다.

미국의 T.V 프로그램 인사이드 에디션의 진행자인 데보라 노빌은 감사합니다! 이 짧은 말 한마디가 인생 전체를 바꿀만한 힘을 가지고 있다고 하였습니다. 그리고 각 개인의 잠재력을 끌어올리는 비밀의 열쇠라고 했습니다. 그래서 감사의 연습을 꾸준히 하면 역경에서 보다 빨리 회복이 되고, 고난에 대한 면역이 길어지고, 수명이 길어지고, 다른 사람의 호감을 사게 되고, 창의적으로 문제를 해결해 나갈 수 있다고 하였습니다.

따라서 감사는 능력이며 하나님의 뜻입니다. 바울은 항상 기뻐하라! 쉬지 말고 기도하라! 범사에 감사하라! 이것이 그리스도 예수 안에서 너희를 향하신 하나님의 뜻이라고 하였습니다. 감사는 그냥 되어지는 것이 아닙니다. 기쁨의 생활이 지속되고, 쉬지 않는 기도가 이루어질 때 감사가 지속되는 것입니다. 다윗은 자기 인생의 위기에서 성실과 인내로 인도해 주신 하나님께 전심으로 감사를 드린다고 고백하고 있습니다. 우리는 한 해 동안도 베풀어주신 하나님의 은혜를 헤아려 보며 전심으로 감사하는 삶이 되어야 할 것입니다.

함께 나누기

1. 오늘 말씀 중에 가장 마음에 남는 말씀은 무엇입니까?

2. 그 말씀이 마음에 남는 이유가 무엇입니까?

3. 오늘의 말씀을 통하여 실천해야 될 사항은 무엇입니까?

한 주간의 기도제목

나	
가정	
교회	

제47과
선하신 하나님께 감사하라

성경 : 사도행전 14:17

찬송 : 591장, 594장

"그러나 자기를 증언하지 아니하신 것이 아니라 곧 여러분에게 하늘로부터 비를 내리시며 결실기를 주시는 선한 일을 하사 음식과 기쁨으로 여러분의 마음에 만족하게 하셨느니라"(17절)

사회학자들의 분석에 따르면 1950년대 지구촌 사람들에게 필요한 생필품은 72가지였다고 합니다. 그리고 절대적으로 필요한 필수품은 18가지였다고 합니다. 그런데 2000년대를 살아가는 현대인들의 생필품은 500가지가 넘는다고 합니다. 그리고 꼭 필요한 필수품은 50가지가 넘는다고 합니다. 약 50년 전 사람들에 비하면 현대인들이 훨씬 더 많은 것들을 누리고 사는 셈입니다. 그런데 왜 오늘날의 현대인들이 참된 행복과 만족을 누리지 못하고 살까요? 왜 그렇게 인생을 비관하며 자살률이 높을까요? 그 이유는 참된 행복과 만족과 감사는 환경으로부터 오는 것이 아니라 선하신 하나님으로부터 오는 것이기 때문입니다. 그렇다면 그 선하신 하나님은 어떤 분입니까?

첫째, 선하신 하나님은 비를 내려주십니다.

선하신 우리 하나님은 비를 내려주시는 분입니다. 비를 내려주셔서 농사를 짓게 해 주십니다. 팔레스틴 지역에서는 비가 내리지 않으면 농사를 지을 수가 없습니다. 그래서 비는 그들에게 생명줄과도 같은 것이었습니다. 구약시대에 이스라엘 백성들이 바알 신을 섬겼던 이유는 자기들의 신이 비를 내려주고 풍요를 가져다준다고 믿었기 때문입니다. 마치 우리 민족이 조상들을 섬김으로 복을 가져다준다고 생각하는 것처럼 이스라엘 백성들도 마찬가지로 바알 신이 풍요를 가져다준다고 생각했기 때문에 바알 우상을 끊기가 어려웠던 것입니다.

한문자에 보면 "쌀" "미"(米)자가 있습니다. "쌀" "미"자는 "여덟" "팔"(八)자가 두 개가 합쳐져서 만들어졌다고 합니다. 그러니까 "쌀" "미"자에는 88이란 숫자의 의미가 들어있는 것입니다. 쌀 한 톨이 밥상에 올라오기까지 농부의 손길이 무려 88번이나 간다고 합니다. 쌀 한 톨이 밥상에 오르기까지는 농부의 손길이 88번이나 들어가고 7개월이란 세월이 걸리니까 쌀 한 톨이 얼마나 귀한지 모릅니다. 이렇게 농사를 지을 수 있도록 비를 내려주시고 우리의 필요를 공급해 주시는 분은 하나님입니다. 우리는 그 선하신 하나님께 감사하며 살아야 합니다.

둘째, 선하신 하나님은 결실하게 하십니다.

인간이 아무리 노력을 해도 하나님께서 결실하게 하시지 않으면 결실할 수 없습니다. 하나님이 비를 멈추시고 날씨를 조금만 변동을 시켜도 채소파동이 일어나서 폭등하는 일이 벌어집니다. 그래서 시편에서 솔로몬은 사람이 아무리 집을 짓고, 파수꾼이 깨어서 성을 지킬지라도 하나님이 도와주시지 않으면 아무런 소용이 없다고 하였습니다. 선하신 하나님의 손길이 함께 해야 한다는 것입니다.

영국의 청교도들은 신앙의 자유를 찾아 인디언들이 살고 있는 아메리카 대륙으로 건너갔습니다. 그리고 혹독한 고난의 겨울을 보낸 후에 추수한 곡식을 가지고 그 지역의 인디언들을 초대하여 감사와 축제의 예배를 드렸습니다. 그것이 감사절의 유래가 되었습니다. 성경에는 이스라엘의 모든 남자들은 일 년에 세 번의 절기를 지키라고 하였습니다. 유월절과 오순절과 장막절입니다. 그리고 여호와께 빈손으로 나오지 말고 하나님께서 각 사람에게 주신 복을 따라 그 힘대로 드리라고 하였습니다. 우리는 풍성한 결실을 주신 하나님께 감사해야 합니다.

셋째, 선하신 하나님은 기쁨과 만족을 주십니다.

선하신 하나님은 우리에게 기쁨과 만족을 주십니다. **시편107편 9절**에서 시편기자는 "**그가 사모하는 영혼에게 만족을 주시며 주린 영혼에게 좋은 것으로 채워주심이로다**"라고 노래하고 있습니다. 하나님은 사모하는 영혼에게 만족을 주시며 좋은 것을 주십니다. 세상은 그 어떤 것으로도 우리에게 기쁨과 만족을 줄 수 없습니다.

팔다리가 없이 호주에서 태어난 닉부이치치라는 청년이 있습니다. 그는 세르비아 출신의 한 목회자 가정에서 태어났습니다. 그 청년은 8살 이후에 세 번이나 자살을 시도하였습니다. 그런데 부모님의 정성과 희생적인 사랑으로 양육을 받고 자랐습니다. 그리고 정상인의 학교에 다니면서 중고등학교 학생회장을 지냈습니다. 그리고 대학에서 회계학과 경영학을 전공하였습니다.

그리고 스케이트보드를 타고, 서핑을 하고, 드럼을 치며, 골프공을 치고, 컴퓨터를 하였습니다. 15살에 인격적으로 주님을 만났습니다. 그리고 19살에 첫 연설을 시작으로 수많은 대상들에게 연설을 하면서 희망과 용기를 주는 희망전도사가 되었습니다. 손과 발이 없어도 그는 만족과 감사한 삶을 산 것입니다. 참된 기쁨과 만족은 하나님이 주시는 것입니다. 우리의 삶에 풍요를 주시고 참된 기쁨과 만족을 주시는 전능하신 하나님께 우리는 감사하는 삶을 살아야 합니다.

함께 나누기

1. 오늘 말씀 중에 가장 마음에 남는 말씀은 무엇입니까?
   ....
   ....
   ....
   ....

2. 그 말씀이 마음에 남는 이유가 무엇입니까?
   ....
   ....
   ....
   ....

3. 오늘의 말씀을 통하여 실천해야 될 사항은 무엇입니까?
   ....
   ....
   ....
   ....

한 주간의 기도제목

나	
가정	
교회	

12월
충성하는 신앙생활

- 양과 염소의 비유
- 충성된 청지기
- 다윗의 언약
- 예수님을 경배합시다
- 적은 일에 충성합시다

제48과
양과 염소의 비유

성경 : 마태복음 25:31~33

찬송 : 175장, 180장

"인자가 자기 영광으로 모든 천사와 함께 올 때에 자기 영광의 보좌에 앉으리라·모든 민족을 그 앞에 모으고 각각 구분하기를 목자가 양과 염소를 구분하는 것 같이 하여·양은 그 오른편에 염소는 왼편에 두리라"(31-33절)

마태복음 24장과 25장에서는 종말에 관한 내용을 다루고 있습니다. 마태복음 24장에서는 재림의 시기와 징조에 대하여 말씀하고 있으며, 25장에서는 재림을 기다리는 성도의 삶에 대하여 말씀하고 있습니다. 그리고 예수님의 종말의 메시지는 재림과 심판으로 끝을 맺고 있습니다. 그렇다면 주님의 재림을 기다리는 우리 성도는 어떤 삶을 살아야 할까요?

첫째, 실천적인 삶을 살아야 합니다.

예수님은 재림하실 때, 첫째는 자기 영광으로 재림하십니다. 둘째는 모든 천사와 함께 영광가운데 재림하십니다. 예수님은 마지막 때에 영광의 보좌 곧 심판의 보좌에 앉으십니다. 그 보좌에 앉으셔서 세상의 모든 민족을 그 앞에 불러 모으고 양과 염소를 구분하듯이 구분하실 것입니다. 여기서 양은 의인을 상징하며 염소는 악인을 상징합니다. 임금은 장차 이 세상을 심판하시기 위하여 만왕의 왕으로 오실 예수 그리스도를 상징합니다.

교회 안에는 양과 같은 신자도 있으며 염소와 같은 교인도 엄연히 공존하고 있습니다. 그리고 양과 염소는 마지막 심판 날에 완전히 구분이 될 것입니다. 양은 오른편에, 염소는 왼편에 두게 될 것입니다. 의인을 상징하는 양은 천국에 가게 될 것이며, 악인을 상징하는 염소는 지옥으로 가게 될 것입니다. 성경은 천국과 지옥을 분명하게 증거하고 있습니다. 마태복음 25장의 양과 염소의 비유는 우리 그리스도인들이 구원을 받은 후에 실천적인 삶을 살아갈 것을 가르쳐 주고 있는 말씀입니다.

둘째, 지극히 작은 자를 돌봐주어야 합니다.

임금이 오른편에 있는 자들에게 말합니다. 여기서 임금은 예수님을 가리킵니다. 임금이 오른편에 있는 자들에게 말합니다. **"내 아버지께 복 받을 자들이여!" "창세로부터 너희를 위하여 예비 된 나라를 상속 받으라!"** 그때 임금이 오른편에 있는 자들에게 상속을 받아야 될 이유를 설명해 줍니다. 그것은 내게 베풀어 주었기 때문이라는 것입니다.

내가 주릴 때에 먹을 것을 주었고, 목마를 때에 마실 것을 주었고, 나그네 되었을 때에 영접해 주었고, 헐벗었을 때에 입혀 주었고, 병 들었을 때에 돌봐 주었으며, 옥에 갇혔을 때에 방문해 주었다는 것입니다.

그때 의인들이 질문합니다. 우리가 언제 돌봐 주었습니까? 그때 임금이 대답하기를 내 형제 중에 지극히 작은 자 하나에게 한 것이 곧 예수님께 한 것임을 가르쳐 주고 있습니다. 그러므로 우리는 지극히 작은 자 하나를 소중히 여기는 예수님의 마음을 품고 사랑을 실천해야 합니다.

셋째, 믿음의 선한 열매를 맺어야 합니다.

임금이 왼편에 있는 자들에게 말합니다. **"저주를 받은 자들아!" "나를 떠나가라!" "그리고 마귀와 그 사자들을 위하여 예비 된 영원한 불에 들어가라!"** 여기서 영원한 불은 지옥 불을 의미합니다. 지옥은 저주와 고통이 있는 곳입니다. 지옥은 구더기도 죽지 않으며 불도 꺼지지 않는 곳입니다. 그곳은 마치 불로 소금을 치듯 하는 불 가운데서 고통을 당하는 곳입니다. 장차 마귀는 불과 유황 못에 던져져서 세세토록 밤낮으로 괴로움을 당하게 될 것입니다. 따라서 지옥은 영원히 고통을 받는 영벌의 장소입니다. 그러나 천국은 영원히 행복을 누리는 영생의 장소입니다.

임금이 왼편에 있는 자들에게 영원한 불에 들어가라고 하였습니다. 그 이유는 내가 주릴 때, 목마를 때, 나그네 되었을 때, 헐벗었을 때, 병들고 옥에 갇혔을 때에 돌보지 않았다는 것입니다. 그때 왼편이 있는 자들이 당황스럽게 대답을 합니다. 우리가 언제 그들을 돌보지 않았습니까? 주님의 법을 알면서도 지극히 작은 자 하나에게 하지 않은 것이 곧 내게 하지 않은 것이라고 말합니다.

본문 말씀은 마치 인간이 선행으로 구원을 받는 것처럼 보입니다. 그러나 결코 그렇지 않습니다. 인간의 선행으로 구원을 받는다는 말씀이 아닙니다. 진정으로 구원을 받은 사람은 반드시 선한 행위의 열매로 나타난다는 것입니다. 야고보는 영혼이 없는 몸이 죽은 것처럼 행함이 없는 믿음은 죽은 믿음이라고 교훈해 주고 있습니다. 그러므로 주님의 재림을 기다리는 우리는 믿음의 선한 열매를 맺으며 살아가야 합니다.

함께 나누기

1. 오늘 말씀 중에 가장 마음에 남는 말씀은 무엇입니까?

2. 그 말씀이 마음에 남는 이유가 무엇입니까?

3. 오늘의 말씀을 통하여 실천해야 될 사항은 무엇입니까?

한 주간의 기도제목

나	
가정	
교회	

제49과
충성된 청지기

성경 : 잠언 20:6

찬송 : 461장, 320장

"많은 사람이 각기 자기의 인자함을 자랑하나니 충성된 자를 누가 만날 수 있으랴"(6절)

충성이란 단어는 영어에 신실함(Faithful)입니다. 믿음(Faith)과 충만(Full)이 합쳐진 단어입니다. 즉 충성은 믿음이 충만한 것을 의미합니다. 실제로 믿음이 충만한 사람이 충성됩니다. 따라서 우리가 충성된 청지기가 되기 위해서는 먼저는 믿음이 충만한 사람이 되어야 합니다. 하나님은 지금도 충성된 청지기를 찾고 계십니다. 어떤 사람이 충성된 청지기입니까?

첫째, 충성된 청지기는 지극히 작은 것에도 충성합니다.

지극히 작은 것에도 충성하는 사람은 큰 것에도 충성합니다. 지극히 작은 것을 소중히 여기는 사람은 큰 것도 소중히 여길 줄 압니다. 우리는 지극히 작고 사소한 것은 쉽게 지나쳐버릴 수 있습니다. 평소에 우리는 지극히 작은 것을 소홀히 여기지 않고 충성하는 법을 배워야 합니다.

마태복음 25장에 보면 달란트 비유가 나옵니다. 어떤 주인이 타국으로 떠날 때에 종들을 불러 각각 자기의 소유를 맡기고 떠났습니다. 한 종에게는 다섯 달란트를, 한 종에게는 두 달란트를, 또 한 종에게는 한 달란트를 각각 맡겨주었습니다. 그리고 오랜 시간이 지난 후에 주인이 돌아와서 종들과 결산을 합니다. 다섯 달란트와 두 달란트를 받은 자는 열심히 일하여 이윤을 남겼습니다. 그런데 한 달란트 받은 종은 그것을 땅에 묻어두고 게으름을 피웠습니다. 그래서 다섯 달란트, 두 달란트 받은 종은 주인으로부터 칭찬을 받게 되었으며 더 많은 것을 위탁받게 되었습니다.

그러나 한 달란트 받은 종은 가지고 있는 것까지도 빼앗기게 되고 악한 종이라는 책망과 함께 쫓겨나게 되었습니다. 주님은 우리 각자에게 달란트를 맡겨 주셨는데 마지막에는 결산할 때가 있습니다. 우리는 주님의 의도를 잘 알고 지극히 작은 것에 충성해야 합니다. 주님은 우리의 충성됨을 보십니다.

둘째, 충성된 청지기에게는 큰일도 맡겨 주십니다.

바울은 디모데에게 편지쓰기를 '**네가 많은 증인들 앞에서 내게 들은 바를 충성된 사람들에게 부탁하라**'고 하였습니다. 충성된 사람에게 부탁하면 그 사람이 또 다른 사람을 가르쳐서 복음의 계승이 이루어진다는 것입니다. 하나님은 이 시대에도 충성된 사람을 찾으십니다.

성경에 보면 신실하며 충성된 사람들이 나옵니다. 모세는 미디안 광야에서 신실한 목자로서의 삶을 살았습니다. 모세가 이집트 궁전에서 애굽의 학술을 연마했다면, 미디안 광야에서는 양들을 치는 목자로서 충성을 배우게 되었습니다. 그런 모세가 이스라엘의 지도자로서 부르심을 받고 이스라엘 백성들을 가나안 입구까지 이끌었던 충성된 청지기 역할을 감당했던 것입니다. 예수님도 하나님의 집을 맡은 주인으로서 충성을 다하신 분입니다. 충성된 청지기에게는 큰일도 맡겨 주십니다.

셋째, 충성된 청지기는 맡은 일에 최선을 다합니다.

바울은 고린도전서 4장에서 "우리를 그리스도의 일꾼"이라고 설명하고 있습니다. 여기서 '일꾼'은 헬라어에 '휘페레타스'입니다. 그 뜻은 원래 '배 밑창 노잡이'라는 뜻입니다. 즉 배 밑창에서 노를 젓는 고용된 종이라는 것입니다. 따라서 일꾼이라는 말은 종의 의미를 가지고 있습니다.

우리는 그리스도의 종이며 하나님의 비밀을 맡은 자들입니다. 우리는 복음 전하는 자를 과소평가해서는 안 됩니다. 복음을 전하는 자들은 하나님나라의 비밀을 맡은 특사들입니다. 그러므로 하나님의 복음전하는 자들은 자부심을 가지고 복음을 전해야 합니다. 맡은 자들에게 구할 것은 충성이라고 하였습니다.

잠언 20장에서 **"충성된 자를 누가 만날 수 있으랴"**라고 말씀하고 있습니다. 누가 충성된 사람을 만날 수 있겠습니까? 주님은 지금도 충성된 사람을 찾고 계십니다. 충성된 사람은 지극히 작은 것에도 충성하는 사람입니다. 충성된 사람에게는 큰일도 맡겨 주십니다. 그리고 맡은 자들에게 구할 것은 충성입니다. 그러므로 우리는 하나님의 충성된 청지기가 되어 하나님의 나라를 위하여 최선을 다하는 삶을 살아야 합니다.

함께 나누기

1. 오늘 말씀 중에 가장 마음에 남는 말씀은 무엇입니까?

2. 그 말씀이 마음에 남는 이유가 무엇입니까?

3. 오늘의 말씀을 통하여 실천해야 될 사항은 무엇입니까?

한 주간의 기도제목

나	
가정	
교회	

제50과
다윗의 언약

성경 : 사무엘하 7:8~17

찬송 : 108장, 121장

"네 수한이 차서 네 조상들과 함께 누울 때에 내가 네 몸에서 날 네 씨를 네 뒤에 세워 그의 나라를 견고하게 하리라"(12절)

예수님은 죄인을 구원하시기 위하여 이 세상에 오셨습니다. 구약성경을 보면 메시야에 대한 수많은 예언들이 쏟아져 나옵니다. 특별히 창세기에 보면 여자의 후손과 뱀의 후손 간의 싸움에서 승리할 것을 선포하는 최초의 복음이 나옵니다. 곧 예수 그리스도의 승리를 선포하는 내용입니다. 오늘 본문에는 하나님과 다윗과의 중요한 언약을 체결하는 내용이 나옵니다. 그 언약은 다윗의 가문이 영원히 지속될 것이라는 것을 보증해 주는 언약입니다.

첫째, 이름을 위대하게 만들어 주리라(9절)

하나님은 다윗의 이름을 위대하게 만들어주시겠다고 약속하십니다. 다윗은 들판에서 양을 치는 성실한 목자였습니다. 그런데 하나님께서 양을 치고 있던 다윗을 어느 날 부르시더니 기름을 부어서 이스라엘의 주권자로 삼아주셨습니다. 그리고 그의 이름을 위대하게 만들어주실 것을 약속하셨습니다. 그것은 전적인 하나님의 은혜였습니다. 막달라 마리아는 도덕적으로 흠집이 많은 사회적으로 지탄을 받는 여인이었습니다. 인생의 가장 밑바닥에서 소망 없이 비참한 인생을 살아가던 여인이었습니다. 그런데 예수님을 만나고 나서 죄 용서

함을 받고 새로운 사람으로 변화 받게 되었습니다. 은혜를 입은 축복의 사람이 된 것입니다. 그래서 자신이 가장 소중히 여기고 아끼던 향유옥합을 깨뜨려서 예수님의 머리에 부어드렸습니다. 그런 마리아에 대하여 예수님은 칭찬을 해 주셨습니다.

그리고 복음이 전파되는 곳에는 이 여인이 행한 일도 말하여 기억하게 될 것이라고 하였습니다. 마리아는 기억되는 여인이 되었습니다. 무명의 여인이 축복의 여인이 된 것입니다. 하나님을 위해서 헌신한 사람은 진토에서 끌어내 주시고 그 이름을 위대하게 만들어 주십니다. 하나님은 다윗의 이름을 위대하게 만들어 주셨고 메시야를 탄생시키는 영광스런 가문이 되게 하셨습니다.

둘째, 나라를 영원히 견고하게 하리라(12절)

"네 수한이 차서 네 조상들과 함께 누울 때에 내가 네 몸에서 날 네 씨를 네 뒤에 세워 그의 나라를 견고하게 하리라"(12절). 이 말씀은 다윗이 죽고 난 이후에도 왕권이 그의 후손을 통해 영원히 보존될 것을 말씀하신 것입니다. 궁극적으로는 예수 그리스도가 탄생하여 영원한 메시야 왕국이 견고하게 세워질 것을 예언하고 있습니다. 사람이 세운 왕국은 불안합니다. 사람이 세운 왕권은 보장되지 않습니다. 그것은 언제든지 무너지기 때문입니다.

인간이 만든 제도나, 왕국이나, 제국이나, 독재적인 정권은 영원하지 않습니다. 우리가 역사를 통해 보면 독재자들은 대부분 비극으로 막을 내렸습니다. 그러나 사랑과 진실과 공의와 정의로 다스린 왕들은 존경을 받게 되었습니다. 예수님은 사랑과 진실과 공의와 정의로 다스린 왕이십니다. 그분의 나라는 영원하며 왕권 또한 흔들리지 않는 왕권입니다. 마침내 예수 그리스도가 다윗의 가문을 통해서 탄생하십니다. 그리고 영원한 통치권을 가지고 다스리게 됩니다. 그 주님은 지금도 영원한 통치권을 가지고 우리를 다스리고 계십니다.

셋째, 왕위를 영원히 견고하게 하리라(13절)

"그는 내 이름을 위하여 집을 건축할 것이요 나는 그의 나라 왕위를 영원히 견고하게 하리라"(13절). 우리가 집을 건축할 때는 튼튼하게 지어야 합니다. 집을 부실하게 지으면 쉽게 낡아지거나 아니면 무너지게 됩니다. 다윗이 하나님의 성전을 건축하게 될 것이라고 하였는데 하나님의 성전은 영원히 낡아지지 않고 무너지지 않는 성전입니다. 하나님의 교회는 음부의 권세가 감히 무너뜨리지 못하는 영원한 것입니다. 하나님은 다윗과 언약을 체결한대로 그의 왕위가 영원히 견고하게 세워집니다.

다윗에게서 솔로몬에게로, 르호보암, 아비야, 아사에게로……. 그리고 다윗의 계보를 따라서 마침내 예수 그리스도가 탄생하게 됩니다. "**야곱은 마리아의 남편 요셉을 낳았으니 마리아에게서 그리스도라 칭하는 예수가 나시니라**"(마 1:16). 이 구절은 다윗 가문의 승리를 선언한 구절입니다. 다윗의 가문을 통해 마침내 예수 그리스도가 탄생한 것입니다. 파란만장한 이스라엘의 역사를 뚫고 사탄의 집요한 방해세력에도 불구하고 마침내 메시야가 오신 것입니다.

성탄을 맞는 우리는 **첫째는** 성탄이 내 자신에게 뿐만 아니라 이웃에게 기쁜 소식이 되어야 합니다. **둘째는** 은혜를 회복하는 시간이 되어야 합니다. **셋째는** 예수님처럼 종의 마음을 가져야 합니다. **넷째는** 선행과 구제가 있어야 합니다. 다윗의 언약을 통해 오신 예수 그리스도의 탄생의 소식은 이 지구상의 모든 인류에게 기쁨의 소식입니다.

함께 나누기

1. 오늘 말씀 중에 가장 마음에 남는 말씀은 무엇입니까?

2. 그 말씀이 마음에 남는 이유가 무엇입니까?

3. 오늘의 말씀을 통하여 실천해야 될 사항은 무엇입니까?

한 주간의 기도제목

나	
가정	
교회	

제51과
예수님을 경배합시다

성경 : 마태복음 2:6~12

찬송 : 122장, 126장

"이르되 유대 베들레헴이오니 이는 선지자로 이렇게 기록된 바·또 유대 땅 베들레헴아 너는 유대 고을 중에서 가장 작지 아니하도다 네게서 한 다스리는 자가 나와서 내 백성 이스라엘의 목자가 되리라 하였음이니라"(5-6절)

매년마다 성탄절이 되면 크리스마스 캐롤송이 여기저기서 울려 퍼지고 거리마다 크리스마스트리들이 반짝거리며 사람들의 마음은 들떠 있습니다. 그리고 교회마다 다양한 축제의 마당이 펼쳐집니다. 그렇다면 과연 성탄절의 주인공은 누구일까요? 그리고 성탄절을 맞는 우리 그리스도인들이 어떤 자세로 예수님을 경배해야 될까요?

첫째, 참된 예배자로 경배해야 합니다.

헤롯왕이 유대나라를 통치하고 있을 때에 동방에서 박사들이 별의 움직임을 관측하다가 이상한 움직임을 발견하게 되었습니다. 박사들은 이방나라 점성가들로서 별을 관측하며 미래를 점치기도 하고 나라의 흥망성쇠를 내다보며 왕의 곁에서 조언을 해 주는 고위관직에 있는 사람들이었습니다. 그들은 별들의 움직임을 하늘의 표적으로 인식을 했고 메시야에 대한 하나님의 약속의 성취로 보았습니다.

그런데 박사들이 메시야의 탄생을 알고 경배하기 위해서 먼 길을 찾아 온 것입니다. 하나님께서 박사들을 통하여 메시야의 비밀을 드러내기 위해서 보내신 것입니다. 하나님은 별을 통해서 이방나라 점성가들의 마음을 감동시키시고 메시야를 경배하고자 하는 신앙을 주셨습니다. 그래서 별의 인도함을 받아 메시야가 탄생하신 목적지까지 오게 된 것입니다. 하나님은 선하신 목적에 따라 자녀 된 우리를 보호하시며 인도해 주십니다.

박사들이 별의 움직임을 따라 예루살렘에 도착하여 유대인의 왕을 찾을 때에 헤롯왕과 온 예루살렘이 소동을 하게 됩니다. 그때 헤롯왕은 유대 종교지도자들을 통하여 베들레헴에서 메시야가 탄생한다는 사실을 알게 되고 예수님을 죽이기 위한 거짓 경배자로 가장을 합니다. 주님은 지금도 참된 예배자를 찾고 계십니다.

둘째, 기쁨으로 경배를 드려야 합니다.

9절, 10절에 보면 동방박사들이 별의 인도함을 따라가다가 그 별이 갑자기 아기 예수님이 탄생하신 곳에 멈추게 되었다고 했습니다. 그래서 박사들은 그 별을 보고 매우 크게 기뻐하고 기뻐했다고 하였습니다. 이 기쁨은 히브리어로 보면 '말로 형용할 수 없는 기쁨'을 의미합니다. 세상에서 맛볼 수 없는 기쁨을 의미합니다. 동방의 먼 나라에서 온 그들이 메시야를 만날 수 있다는 소망으로 가득한 기쁨입니다. 박사들은 별의 인도함을 따라 메시야에게 인도된 사실에 대하여 말로 형언할 수 없는 기쁨을 맛보게 된 것입니다.

지금 우리 안에 있는 기쁨은 어디서부터 온 기쁨입니까? 환경적인 요인 때문에 온 기쁨입니까? 환경 때문에 온 기쁨은 잠시 잠깐의 기쁨일 뿐입니다. 그러나 우리 주님이 주시는 기쁨은 영원한 기쁨입니다. 우리의 가장 큰 기쁨은 우리를 죄악에서 구원하시기 위해 오신 예수님 때문에 오는 기쁨이 되어야 할 것입니다.

셋째, 정성으로 경배를 드려야 합니다.

동방박사들이 아기 예수님이 있는 집으로 들어갔습니다. 그리고 예수님께 경배를 드리고 보배합을 열어서 황금과 유향과 몰약을 예물로 드렸습니다. 최상의 예물을 드린 것입니다. 최상의 예물을 드리는 그들의 마음에는 정성된 마음이 있었습니다. 황금은 그리스도의 영원한 왕권을 의미합니다. 유향은 그리스도의 신성을 의미합니다. 몰약은 그리스도의 수난과 죽음을 의미합니다.

박사들은 자기들이 목적한 바를 다 이루고 나서 꿈에 지시하심을 받고 즉시 본국으로 돌아갔습니다. 만약에 박사들이 꿈을 통해 하나님의 음성을 들었는데도 불구하고 헤롯왕에게로 가서 메시야가 탄생한 장소를 알려주었더라면 어떻게 되었을까요? 아마 인류의 구원역사는 실패로 끝났을지도 모릅니다. 그런데 동방에서 온 이방인들이 하나님의 음성에 순종했다는 것은 정말 하나님의 은혜가 아닐 수 없습니다.

예수님은 평화의 왕으로 오신 분이며 온 인류를 통치할 만왕의 왕으로 오신 분입니다. 불합리한 세상에 공평과 정의로 다스리시기 위해 오신 분입니다. 죄로 인하여 영원히 죽었던 죄인들을 구원하시기 위하여 오신 분입니다. 그리스도의 탄생소식은 온 인류에게 큰 기쁨의 소식이 되고 인류 최대의 기쁨과 소망의 소식입니다. 우리는 그 주님께 대한 최대의 경배자가 되어야 할 것입니다. 성탄절의 주인공은 예수님입니다.

함께 나누기

1. 오늘 말씀 중에 가장 마음에 남는 말씀은 무엇입니까?

2. 그 말씀이 마음에 남는 이유가 무엇입니까?

3. 오늘의 말씀을 통하여 실천해야 될 사항은 무엇입니까?

한 주간의 기도제목

나	
가정	
교회	

제52과
적은 일에 충성합시다

성경 : 마태복음 15:14~21

찬송 : 330장, 320장

"또 어떤 사람이 타국에 갈 때 그 종들을 불러 자기 소유를 맡김과 같으니·각각 그 재능대로 사람에게는 금 다섯 달란트를, 한 사람에게는 두 달란트를, 한 사람에게는 한 달란트를 주고 떠났더니"(14-15절)

다사다난(多事多難)했던 아쉬운 한해를 보내면서 우리 자신을 결산해 보며 또한 우리가 어떻게 살아야 할 것인가를 살펴보기를 원합니다. 마태복음 25장에는 세 가지의 비유가 나옵니다. 열 처녀 비유는 재림의 준비성에 대해서 가르쳐 주고 있습니다. 양과 염소의 비유에서는 재림을 준비하는 방법에 대해서 가르쳐 주고 있습니다. 달란트 비유에서는 재림을 앞둔 성도들이 각자에게 맡겨 주신 사명을 감당하는데 어떻게 적은 일에 충성할 것인가를 가르쳐 주고 있습니다. 적은 일에 충성하면 어떻게 됩니까?

첫째, 칭찬을 받게 됩니다.

우리는 교회 안에서 적은 일이라고 결코 소홀히 여겨서는 안 됩니다. 교회에서는 적은 일부터 충성해야 합니다. 적은 일부터 충성하면 인정을 받게 되고 큰일도 맡겨 주십니다. 교회의 직분은 적은 것이라도 귀하게 여겨야 합니다. 세상의 어떤 직분보다도 귀하고 아름다운 직분이 교회의 직분입니다. 디모데전서 3장 13절에 보면 "집사의 직분을 잘한 자들은 아름다운 지위와 그리스도 예수

안에 있는 믿음의 큰 담력을 얻느니라"고 말씀합니다.

집사의 직분을 잘 감당한 사람은 아름다운 지위를 얻을 뿐만 아니라 믿음의 큰 담력을 얻게 됩니다. 한마디로 직분을 잘 감당하면 복이 됩니다. 직분은 결코 계급장이 아닙니다. 직분은 섬기기 위해서 있는 것입니다. 직분은 충성하기 위해서 있는 것입니다. 적은 일에 충성을 하면 주님으로부터 칭찬을 받게 됩니다.

둘째, 많은 것을 맡겨 주십니다.

적은 일에 충성하면 칭찬을 받을 뿐만 아니라 많은 것을 맡겨 주십니다. 많은 것을 맡겨 주신다는 것은 그만큼 종에 대한 능력을 인정하고 신뢰한다는 뜻입니다. 하나님은 어떤 일을 맡겨 주실 때 믿을만한 사람에게 맡겨 주십니다. 신뢰할 만하고, 위탁할 만한 사람에게 맡겨 주십니다. 그리고 자신의 일을 아무에게나 대충 맡겨주시지 않습니다. 바울은 디모데에게 편지 쓰기를 충성된 사람에게 부탁하라고 하였습니다.

여기서 충성된 사람은 믿을만하고, 신뢰할 만하고, 믿음에 서 있고, 성령에 붙잡혀 있고, 말씀에 붙잡혀 있고, 성령의 음성을 듣고, 맡기면 확실하게 감당할 사람을 가리킵니다. 그런 충성된 사람에게 맡기면 그 사람이 또 다른 사람을 가르쳐서 복음이 전수가 되는 것입니다. 또한 바울은 충성된 사람을 키워내기 위해서 성령의 역사를 따라 힘을 다하여 수고한다고 하였습니다. 바울은 그렇게 사람을 키우는 일에 전력을 다하였습니다. 그 결과 일을 분담해서 맡길 만한 충성된 사람들이 세워진 것입니다. 주님은 충성된 사람에게 많은 것을 맡겨 주십니다.

셋째, 주인의 즐거움에 참여하게 됩니다.

적은 일에 충성하면 주인의 즐거움에 참여하게 됩니다. 주인이 충성된 종들을 위해서 축제의 자리를 베풀어 주십니다. 그러나 충성하지 않는 종은, **첫째** 는 책망을 받게 됩니다. **둘째는** 있는 것까지 다 빼앗기게 됩니다. **셋째는** 내 쫓김을 당하게 됩니다. 그러므로 마지막 때를 살아가는 우리 성도는 시간 사용을 잘 해야 합니다. 재능과 은사를 잘 사용해야 합니다. 게으름을 피우지 않고 부지런한 종이 되어야 합니다. 그리고 하나님을 사랑하고 하나님의 음성을 들으며 하나님의 뜻을 준행하는 종이 되어야 합니다.

바울은 "맡은 자들에게 구할 것은 충성이라." 요한계시록 2장 10절에서는 "**네가 죽도록 충성하라 그리하면 내가 생명의 관을 네게 주리라**"고 말씀하고 있습니다. 초대교회는 많은 박해와 순교가 있었습니다. 그런 가운데서도 성도는 끝까지 믿음을 지키며 죽도록 충성하라는 것입니다. 그러면 생명의 관을 네게 주시겠다는 것입니다.

그러므로 우리 성도는 충성된 종이 되어서 적은 일에 충성해야 합니다. 적은 일에 충성을 하면 칭찬을 받게 되고 많은 것을 맡겨 주십니다. 그리고 주인의 즐거움에 참여하게 되는 것입니다.

함께 나누기

1. 오늘 말씀 중에 가장 마음에 남는 말씀은 무엇입니까?

2. 그 말씀이 마음에 남는 이유가 무엇입니까?

3. 오늘의 말씀을 통하여 실천해야 될 사항은 무엇입니까?

한 주간의 기도제목

나	
가정	
교회	

2024년도 구역예배공과

초판 1쇄 / 2024년 1월 1일

발 행 인 / 이규종
지 은 이 / 21세기구역예배편찬위원회
펴 낸 곳 / 도서출판 엘맨
주　　소 / 서울시 마포구 신수동 448-6번지
전　　화 / 02) 323-4060, 4477
팩　　스 / 02) 323-6416

*잘못된 책은 바꾸어 드립니다.
*이 책의 내용은 무단복제 할 수 없습니다.

값 8,000원